## COLECCIÓN SUPERACIÓN PERSONAL

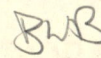

- Acción positiva
- ¡Ahora o nunca!
- El amor a sí mismo
- Automotivación
- Cambio positivo
- Chocolatito espumoso para el alma
- Como seducir a su hombre y mantenerlo a su lado
- Corazones valientes
- Cuerpo de niña, alma de mujer
- Don de comunicarse
- Don de dar
- Don de la amistad
- En busca de lo humano
- La grandeza de ser
- Libro de los amigos
- Libro d...
- El líder...
- Magia...
- El men...
- Mi filos...
- Oportunidad de vivir
- Para ser feliz
- Pensando en ti
- Por favor sé feliz en tu juventud
- Por favor sea feliz
- Por favor sea feliz, lujo
- Por favor sea feliz en familia
- Lo que me ha enseñado la vida
- ¿Qué onda con el sida?
- Respuestas para vivir una sexualidad inteligente y segura
- ¡Sea feliz ya
- Sí se puede
- Sin miedo al amor
- Supérate y sonríe
- Tómelo con calma
- ¡Vamos a ganar!
- Vamos por todo
- Vencer a los fantasmas interiores
- Vivir feliz
- Volver a la niñez

# COLECCIONES

Ejecutiva
Superación personal
Salud y belleza
Familia
Literatura infantil y juvenil
Con los pelos de punta
Pequeños valientes
¡Que la fuerza te acompañe!
Juegos y acertijos
Manualidades
Cultural
Espiritual
Medicina alternativa
Computación
Didáctica
New Age
Esoterismo
Humorismo
Interés general
Compendios de bolsillo
Aura
Cocina
Tecniciencia
Visual
Arkano
Extassy

Ernie J. Zelinski

# Tómelo con calma

**Doctor Erazo 120**
**Colonia Doctores**        Tel. 55 88 72 72
**México 06720, D.F.**      Fax: 57 61 57 16

TÓMELO CON CALMA
Título en inglés: *Don't Hurry, Be Happy*

Traducción: Silvia Peláez
Diseño de portada: Kathya Rodríguez

Copyright © 1999 by Ernie Zelinsky. All Rights Reserved.
Authorized translation from English Language Edition published
by Prima Communications, Inc.

D.R. © 2000, Selector S.A. de C.V.
Derechos de edición en español reservados para el mundo

ISBN (en español): 970-643-252-3
ISBN (en inglés): 0-7615-1855-X

Primera reimpresión. Octubre del 2000

**NI UNA FOTOCOPIA MÁS**

Características tipográficas aseguradas conforme a la ley.
Prohibida la reproducción parcial o total de la obra
sin autorizacción de los editores.
Impreso y encuadernado en México.
*Printed and bound in Mexico.*

# Contenido

Introducción  7

Felicidad 101  11

Dinero y felicidad  63

El lugar de trabajo  83

Vida diaria  119

# Introducción

¿Se está usted apresurando cada vez más pero siente que se queda atrás? Si se siente abrumado por el frenético ritmo del moderno mundo occidental y quiere tener más tiempo para relajarse y pensar, este es el libro indicado para usted. El consejo que damos en este libro puede guiarlo a una vida más plena y lejos de la oficina.

En un reciente estudio de investigación en la Universidad de Penn State se vio que lo que percibimos como un crujido del tiempo es, en gran medida, una percepción errónea. Todos tenemos suficiente tiempo para hacer cosas importantes y agradables, pero lo malgastamos. Debemos eliminar las distracciones irritantes, las fugas de energía y los factores que nos hacen perder tiempo. El secreto consiste en reconciliar nuestro trabajo con nuestras vidas personales de modo que trabajemos menos, consumamos menos, y disfrutemos de la vida mucho más.

En realidad este libro es para gente ambiciosa y no para gente floja. Es para individuos que quieran encontrar otras formas de llegar a conocerse mejor a sí mismos y a otros, en lugar de estar constantemente ocupados sin recompensas reales. Hacer lo que la mayoría de la gente en la sociedad hace no requiere de esfuerzo real, ni de inteligencia ni riesgo. Es fácil estar ocupado, sólo estar ocupado. Es fácil llenar nuestras vidas con actividades y después quejarnos por el crujido del tiempo. Es fácil acostarse en el sillón y ver televisión durante dos o tres horas. Sin embargo, se requiere de agallas para ser diferente, aflojar el paso, conocernos mejor y tener una vida real.

Los dichos –algunas veces llamados "sabiduría popular" – tales como "el ocio es la madre de todos los vicios", "el descanso te oxida", "el trabajo en sí mismo es un placer" y "el trabajo calienta; la pereza daña", nos incitan a trabajar duro, sin importar las consecuencias. Pienso que es mejor guiarse por proverbios y citas tales como "trabajar es humano; flojear es divino", "ninguna persona que tenga prisa, es civilizada", y "pocas mujeres y menos hombres tienen carácter para estar ociosos". Estas citas proporcionan un buen equilibrio entre el trabajo y la vida, así como una flojera ocasional.

Hay una interesante paradoja que debe recordar si no quiere sentir que tiene prisa en su vida. A diferencia de la creencia popular, apresurarse y correr en un loco frenesí no es la forma de tener más tiempo para las cosas más importantes y disfrutables. La mejor forma de crear más tiempo es bajar el paso. Es entonces cuando realmente puede usted vivir. Disfrute el momento, sin importar lo que esté haciendo, y la vida no será tan apresurada.

La enfermedad del apresuramiento da como resultado problemas de salud como estrés excesivo, nervios alterados, indigestión, alta presión sanguínea, problemas cardiacos y úlceras. Los investigadores sugieren que la enfermedad del apresuramiento puede contribuir, en última instancia, a que se produzcan paros cardiacos y ciertas formas de cáncer. Asimismo, los investigadores han demostrado que un mejor equilibrio entre el trabajo y la vida reduce el estrés, mejora el ánimo, incrementa la satisfacción de la vida y refuerza el sistema inmunológico. El disminuir el paso, deshacerse del ruido y trabajando menos le permitirá perseguir cosas más significativas. Y disfrutará más de la vida.

Es necesario enfatizar que este libro ofrece gran cantidad de sugerencias. Además de las sugerencias generales, hay una sección que se refiere específicamente al dinero, y otra al lugar de trabajo. Alimente la idea de tratar de implementar todas estas sugerencias en su vida durante los siguientes dos meses, y terminará más apresurado y estresado que nunca.

Busque aquellas sugerencias que realmente le atraigan. Adóptelas en su estilo de vida de modo que acabe siendo como la sensata y hasta sabia tortuga, en lugar de ser como la tonta liebre. A fin de cuentas usted será el ganador y no aquellas personas apresuradas que lo rebasan en el tránsito, trabajan más horas que usted, y tratan de tener más posesiones que usted.

El éxito en el trabajo no vale la pena si usted fracasa en casa. Los griegos primitivos hablaban acerca del recurso dorado –un equilibrio entre pobreza y exceso. Espero que este libro le ayude a bajarse de la rutina y experimentar el recurso dorado.

# Felicidad 101

Para crear más tiempo para disfrutar ese fenómeno misterioso e impredecible llamado vida, reduce al mínimo su búsqueda del secreto de la vida. No es necesario comprender la vida para disfrutarla plenamente.

Acepta que a la felicidad no le importa cómo la alcances. Mucha gente con recursos financieros limitados son muy felices en este mundo, y mucha gente con grandes cantidades de dinero son muy infelices. A la felicidad no le importa qué tanto trabajes, qué tan grande es tu casa, cuánto pagas por tu ropa, o qué tan extravagante es tu carro.

Escucha las palabras de Henry David Thoreau: "Oh, Dios, llegar al punto de la muerte y darte cuenta que no has vivido para nada".

☺ ☺ ☺

Cuando piensas que no tienes tiempo para disfrutar un atardecer. Piensa otra vez. El momento más importante para hacer un alto y disfrutar el atardecer es cuando no tienes tiempo para ello.

☺ ☺ ☺

De vez en cuando –no muy seguido– pruébate algo que supuestamente no puedes tener. En lugar de pedir ensalada en la comida, come una gran bolsa de papas gourmet con un rico aderezo. Esta es tu recompensa por comer normalmente comidas saludables y trabajar tan diligentemente.

Cuando naciste recibiste tres dones especiales: la vida, el amor y la risa. Aprende a compartir estos dones con el resto del mundo, y el resto del mundo jugará contigo.

☺ ☺ ☺

De improviso no vayas a trabajar y flojea para que experimentes lo que se siente ser miembro de la clase ociosa. Disfruta de tu prosperidad. (No es necesario que le menciones mi nombre a tu jefe.)

☺ ☺ ☺

¿Cuándo fue la última vez que chiflaste una tonada o cantaste una canción? La próxima vez que te duches, silba o canta para gozo de tu corazón.

Puedes perder un precioso tiempo tomando más de un minuto para tomar decisiones importantes tal como qué sabor de helado comprar. Echa un volado si te cuesta trabajo tomar decisiones. Como alternativa, en lugar de escoger helado de vainilla o chocolate, pide algo fuera de lo ordinario como zarzamora salvaje.

☺ ☺ ☺

**Elige estar con gente que te hace reír.**

☺ ☺ ☺

No te compares con Julia Roberts. Tu satisfacción con tu propia vida vendrá de la aceptación de ti mismo.

☺ ☺ ☺

No esperes que otra persona mejore tu vida: toma la iniciativa para encender el fuego en lugar de pasártela esperando a que te calienten.

Tan importante como decidir qué quieres en la vida, es decidir lo que no quieres. Haz una lista de cosas que no quieres. Trabaja para no conseguirlas. Permítete dejar esas cosas de la vida que no te hacen feliz.

☺ ☺ ☺

No es sabio demorarse para ser feliz. Piensa en esto: El Gran Creador te concedió hoy 86,400 segundos. ¿Cuántos has utilizado para disfrutar de la vida?

☺ ☺ ☺

Los tres elementos esenciales para un bien raíz son ubicación, ubicación y ubicación. Hay también tres elementos esenciales para disfrutar de la vida al máximo: actitud, actitud y actitud. Desarrolla y mantén una actitud saludable, y la vida será mucho más satisfactoria.

Ponte a leer todos los libros de dibujos animados de Calvin y Hobbes que caigan en tus manos.

☺ ☺ ☺

Ve menos televisión y más atardeceres. El individuo promedio en los Estados Unidos y Canadá ve tres horas y media de televisión al día. Ahora sabemos por qué no tenemos más tiempo para actividades más placenteras y satisfactorias.

☺ ☺ ☺

No te sientas tímido para intentar practicar algún deporte o actividad nueva porque sientas que no eres muy bueno en eso. Acepta que vale la pena intentarlo aunque lo hagas mal.

☺ ☺ ☺

Toma más riesgos en la vida –tanto en el trabajo como en la diversión. Demasiada seguridad puede ser peligrosa.

Experimenta lo que sienten los nativos que nunca usan zapatos. No hay nada como caminar descalza en el pasto o en la arena, temprano en la mañana y seguir así durante todo el día.

☺ ☺ ☺

Lee la clásica historia de *El Principito* de Antoine de Saint Exupéry para poner tu vida en perspectiva. Este libro cambiará tu forma de pensar acerca de lo que es realmente importante en la vida. Si ya lo leíste, vuelve a leerlo en busca de más verdades.

☺ ☺ ☺

Pregúntate a ti mismo: "¿Por qué debo bajar el paso y vivir realmente teniendo más tiempo libre?" Haz una lista. Tus respuestas deben relacionarse con beneficios como crecimiento personal, una mayor autoestima, menos estrés, mejor salud y una mejor vida familiar. Algunos otros beneficios son entusiasmo y aventura, más satisfacción de la vida, más felicidad y una más alta calidad de vida.

Resístete a las influencias culturales y a la opinión popular acerca de los beneficios del trabajo y la necesidad de crecimiento económico. Estas creencias gastan los recursos, incrementan la contaminación, y fuerzan la extinción de muchas especies de plantas y animales. Crecer por crecer es la filosofía de las células cancerosas.

Si padeces aburrimiento debido a la crisis de la edad madura, pon tu aburrimiento en riesgo. Haz algo radicalmente nuevo –como mudarte a Tailandia– de modo que tu crisis se transforme en aventura.

Sigue tu corazón tanto en el trabajo como en la diversión. Descubre tu misión en la vida y persíguela activamente. La vida será menos apresurada.

**En un día nublado, crea tu propio día soleado.**

☺ ☺ ☺

Piensa en grande este fin de semana. Ve a algún lugar de modo que estés lejos de casa y la oficina por lo menos dos noches. Tres es mejor.

☺ ☺ ☺

Limpia tus desordenados clósets. Resulta impresionante cómo un clóste desorganizado y revuelto puede ser una gran fuga de energía.

Míster Boffo © Joe Martin. Dist. By Universal Press Syndicate. Reimpreso con permiso. Derechos reservados.

Sé un crítico de arte. Visita una galería de arte y enfócate en una sola pintura, la que encuentres más intrigante.

☺ ☺ ☺

Para determinar si estás trabajando demasiado, pídele a tu esposa o amigos cercanos su opinión. Pon atención a lo que te dicen, y ajusta tu vida en consecuencia.

☺ ☺ ☺

Ordena los siguientes retos en tu vida de acuerdo con el orden de importancia para ti: socio, niños, salud, crecimiento personal, trabajo, comunidad, espiritualidad, educación. Sólo tú puedes decidir si tienes tus prioridades en el lugar correcto y estás viviendo de acuerdo con ellas.

Guarda tiempo libre para ti al reducir el número de horas que pasas en la Internet. Trata de no navegar en la red a menos que sea absolutamente necesario o altamente educativo.

☺   ☺   ☺

No pierdas un tiempo precioso discutiendo con gente irracional. Mantén la calma y haz lo que deseas. Recuerda, si te descubres discutiendo con un idiota, él está haciendo lo mismo.

☺   ☺   ☺

Aprecia la filosofía zen que dice que cuanto menos necesitamos en comodidad material y física, somos libres. Somos prisioneros de las cosas a las que estamos apegados: empleos, casas, carros, egos, y demás. Aprende a dejar ir estas cosas y serás liberado de tu prisión.

Evita el hábito destructivo de tratar de llenar de actividades "productivas" cada minuto de tu vida. Aprende a relajarte en el vuelo de un avión en lugar de sumirte en más trabajo. Observa a los demás pasajeros. Inicia una conversación con tu compañero de asiento. También puedes leer una fútil novela.

☺ ☺ ☺

Después de la casa y el trabajo, el lugar donde los estadounidenses pasan la mayor parte del tiempo es en las plazas comerciales. Este mundo ofrece millones de cosas más interesantes que hacer que dar vueltas viendo tiendas.

☺ ☺ ☺

Haz algunas de las cosas que te encantaba hacer cuando eras niño:
·Salta rocas en una corriente de agua o riachuelo.
·Haz aviones de papel y échalos a volar.
·Ve cuántas formas hay de divertirse con una caja de cartón.

·Compra el último número de la revista *MAD* o un libro cómico y léelo en una sentada.
·Ve caricaturas un sábado en la mañana.
·Construye un avión, barco o carro a escala.
·Juega con un pato de goma en el baño.
·Ve a volar un papalote un día con viento.
·Lee un libro para niños.
·Compra un libro para colorear y llénalo de colores para satisfacer tu corazón. Usa los peores colores posibles.

Defiende el hecho de leer libros y revistas que no se relacionen con tu trabajo. Lee por el placer de leer y no con el propósito de aprender algo como ayuda para tu trabajo.

Para darle más diversión a tu vida y a la de otras personas, aprender a decir tantas bromas como puedas con las que puedes alegrar una conversación.

No olvides tratar de hacer algunas de las cosas que hacen los niños y que nunca hiciste.

☺ ☺ ☺

Algunas cosas necesitan hacerse mejor que lo que tú o cualquier otra persona han hecho antes. Algunas sólo necesitan dejarse pasar. otras no son necesarias, y no necesitan hacerse para nada. Aprende a distinguir las tres.

☺ ☺ ☺

¿Cuál fue la última vez que fuiste a bailar? Dirígete a un salón de baile, centro nocturno o fiesta este fin de semana. El baile es una de las mejores formas de aliviar el estrés.

☺ ☺ ☺

Prepárate para tomar unas minivacaciones espontáneas de dos o tres días en el momento. Ten hechas las maletas para que no haya demoras.

Escala al menos una montaña en tu vida. Tu experiencia de la vida y del tiempo tomará nuevas dimensiones.

☺   ☺   ☺

Ve en bicicleta a la tienda o al trabajo. Disfruta de los árboles, los pájaros, del verde pasto, las hermosas flores y del aires fresco y de….

☺   ☺   ☺

Es una pérdida de tu precioso tiempo observar lo que hacen tus vecinos. Haz algo interesante y satisfactorio de modo que tus vecinos acaben perdiendo su tiempo observando lo que *tú* estás haciendo.

Una persona sabia desconocida dijo: "El ayer es historia, el mañana un misterio, y el hoy es un regalo; por eso se llama presente." En otras palabras, en este momento no puedes celebrar el ayer ni el mañana, ¿así que por qué no celebrar el hoy?

☺ ☺ ☺

**Para tener una nueva fuente de gozo en tu vida, ríete de nada en particular.**

☺ ☺ ☺

Por una vez en tu vida, toma mil o cinco mil dólares y deja que rueden los buenos tiempos. Viaja a alguna ciudad como San Francisco simplemente por pasar un buen momento. Diles que yo te envié.

Pasa el día con un activo ciudadano de la tercera edad que todavía tiene un increíble gusto por la vida. Toma nota de las cualidades de esta persona, entre las cuales está el adaptarse con facilidad, ser creativo, espontáneo, amistoso, inquisitivo, juguetón, independiente y tener la habilidad para actuar alocadamente. ¿Estás tú desarrollando y manteniendo estas cualidades también, de modo que también puedas disfrutar de la vida?

☺ ☺ ☺

Verifica tu lista de pendientes. ¿Cuántos momentos de ocio incluye? Si tienes un estilo de vida equilibrado, deberás incluir algunos.

☺ ☺ ☺

Empieza cada día de manera especial. Levántate temprano y realiza una caminata antes de ir a trabajar. Entonces toca tu canción favorita en el piano o escúchala en el estéreo.

Termina cada día de manera especial. Toma uno o dos vasos de vino con algo de queso mientras lees un buen libro antes de acostarte.

☺ ☺ ☺

Ten por lo menos una actividad de esparcimiento en la que puedas sumergirte por completo. Asegúrate de que no hay fecha límite para esta actividad.

☺ ☺ ☺

Pídele a tu agente de viajes que te avise de las promociones especiales de viaje de modo que puedas aprovechar las tarifas bajas para salir de la ciudad y relajarte.

☺ ☺ ☺

Para un buen descanso lejos del trabajo, visita un lugar exótico como Nepal. Subir a través de los Himalayas durante una semana o dos rejuvenecerá tu alma.

Además de ver los atardeceres, detente y observa más salidas del sol. Levántate temprano si tienes que hacerlo.

☺ ☺ ☺

La hora más oscura es justo antes de que salga el sol. Cuando te sientas deprimido, recuerda estas palabras de Will Rogers: "Las cosas mejorarán –a pesar de nuestros esfuerzos por mejorarlas".

☺ ☺ ☺

Uno de cada dos adultos estadounidenses sufre de falta de sueño, aunque un estudio del personal de marina indica que la gente que está bien descansada hace mucho más dinero. Por supuesto, con un mayor poder de ganancias, tendrás más tiempo para el esparcimiento porque necesitas menos tiempo para ganarte la vida.

Acércate a la cultura y, al mismo tiempo, apoya a grupos artísticos de tu localidad. ¿Cuándo fue la última vez que fuiste a la sinfónica, a la ópera o al ballet?

☺ ☺ ☺

Sé más espontáneo. Cada día usa treinta minutos más o menos de tiempo sin estructura para hacer algo diferente y que no hayas planeado. Observa cómo se enriquece tu vida.

☺ ☺ ☺

Evalúa tus amistades para asegurarte que no estás poniendo más de lo que obtienes de ellos. No dudes en terminar una amistad que te causa más estrés e incomodidad que momentos que valgan la pena. Simplemente aléjate de aquellos que ya no funcionan para ti.

Los investigadores confirman que el ejercicio extenuante calma la mente. Trata de realizar una larga caminata o de subir y bajar algunas escaleras varias veces. Un ejercicio extenuante no sólo reducirá el estrés sino que evitará que te vuelvas a estresar.

☺ ☺ ☺

Recuerda las palabras del Yogui Berra: "Puedes observar mucho con sólo mirar". Deja de funcionar en piloto automático. Haz un esfuerzo concertado para prestar más atención. Si realmente te fijas, verás 101 cosas estimulantes e interesantes que ocurren en el mundo que te rodea.

☺ ☺ ☺

Tómate tu tiempo para escuchar realmente en forma activa a los demás. Un sabio desconocido dejó lo mejor: "No se aprende nada cuando uno está hablando."

**Haz que cada uno de tus cumpleaños sea una celebración de todo el día.**

☺ ☺ ☺

Para mejorar la calidad de tu vida, sal de tu carro tanto como sea posible. El auto es un dispositivo de aislamiento que te protege de la naturaleza y la gente.

BIZARRO © 1997 por Dan Piraro. Reimpreso con permiso de UNIVERSAL PRESS SYNDICATE. Derechos reservados.

Cómprate una camiseta con la imagen de tu caricatura favorita. Úsala con frecuencia.

☺ ☺ ☺

Detente, escucha, disfruta y ayuda a los saltimbanquis locales. Muchos de estos músicos callejeros son increíblemente talentosos y merecen tu reconocimiento.

☺ ☺ ☺

Si estás tan aburrido que te entusiasma la invitación a abrir un sobre, pregúntate qué es lo que ocasiona tu aburrimiento. Aquí tienes una clave: Dylan Thomas dijo: "Alguien me está aburriendo; creo que soy yo."

☺ ☺ ☺

Toma muchos años llegar a tener un éxito. Desarrolla la paciencia por todo lo que hagas. Trata de conquistar el mundo para el año 2010 en lugar de hacerlo para el 2001.

A la miseria no sólo le encanta la compañía, sino que la exige. Si te descubres en compañía de alguien que mina tu energía, no sería sabio seguir cerca de esa persona. No te alejes de la gente negativa ¡CORRE!

☺  ☺  ☺

Aprende a disfrutar tu propia compañía de modo que cualquier tiempo que pases solo sea satisfactorio y productivo. Practica pasar un día completo contigo mismo por lo menos dos veces al año para que conozcas lo que te hace palpitar.

☺  ☺  ☺

Toma el tiempo (un día o dos) para escribir lo que realmente buscas en la vida. Identifica las cosas que son más importantes para ti. Conviértelas en el propósito y fin de tu existencia.

Siéntete más vivo saliendo de la casa con más frecuencia y tomando las oportunidades que te ofrece la vida. ¿Cuándo fue la última vez que fuiste a una galería de arte, a un museo o al planetario? Fue hace mucho tiempo, así que ve hoy.

☺ ☺ ☺

Disfruta y experimenta realmente una puesta de sol pintando un cuadro. No juzgues la habilidad de tus esfuerzos. Recréate con la experiencia.

☺ ☺ ☺

**La sabiduría es un viaje y no un destino.**

☺ ☺ ☺

Elige pasar más tiempo con un optimista que con un pesimista. Descubrirás que tú mismo ves la vida con más entusiasmo.

Haz algo sorprendente –cada semana– cualquier cosa que se salga de los común para ti.

☺ ☺ ☺

No dejes a un lado la alegría de vivir. En otras palabras, no pospongas la diversión. Incorpórala a tu rutina diaria.

☺ ☺ ☺

El ocio activo consiste en perseguir una tarea desafiante cuya realización te proporcione gran placer y satisfacción. Así que en lugar de dirigirte al salón de apuestas o de la lotería, aprende un nuevo lenguaje y ve la diferencia.

☺ ☺ ☺

Si tu carrera no va a ningún lado, y lo has sabido desde hace tiempo, debes empezar a explorar de inmediato nuevas formas de ganarte la vida. No permitas que circunstancias adversas te alejen de aquello para lo que sabes que has nacido.

Para una experiencia diferente y relajante, ve al parque y encuentra un lugar cómodo para sentarte y acostarte. Cierra los ojos y concéntrate en los sonidos a tu alrededor y también en los aromas.

☺ ☺ ☺

La vida es corta, así que no pases mucho tiempo rellenando champiñones. Algunas cosas son importantes y otras no lo son. Es fundamental que conozcas la diferencia. No hacerlo puede provocar todo tipo de desilusiones y pérdidas en tu vida.

☺ ☺ ☺

Sé impredecible. Haz algo diferente. Está bien ser impredecible de modo que otros se sorprendan con tus acciones.

Invierte en tu familia en primer lugar, y en tu carrera, en segundo lugar. Deja de pensar que tienes asegurada a tu esposa cuando trabajas tiempo extra en la oficina. Las relaciones y las familias requieren de una gran atención. Muchas relaciones han terminado por una esposa o esposo obsesionados por el trabajo y que se olvidan de dedicar tiempo a la relación de pareja y a los hijos.

☺ ☺ ☺

Lleva un registro de los lugares donde pasas el tiempo, donde gastas tu dinero, energía y creatividad. Si estás gastando mucho de uno o más recursos de manera ineficiente, es hora de hacer un cambio.

☺ ☺ ☺

Deja más huecos en tus días. No tienes que planear cada minuto del día. Si tu agenda está saturada, reduce el número de actividades que estás tratando de meter en cada día.

No dejes que la lluvia te desanime en tus actividades de esparcimiento. Toma una tarde lluviosa para celebrar tu buena fortuna en la vida revisando todas las fotografías que has acumulado.

☺ ☺ ☺

Sumérgete en una conversación verdadera con tu vecino que tiene un tiempo natural para empezar y para terminar y que no está dictada por el reloj.

Disfruta de los viejos recuerdos; sin embargo, no te olvides de crear nuevos recuerdo hoy para que los puedas saborear mañana.

Presta poca atención a lo que otros están haciendo en la vida. Sólo porque la mayoría está haciendo algo, no significa que sea algo sensato. De hecho, con mucha frecuencia las masas son guiadas en direcciones equivocadas en su búsqueda de felicidad y satisfacción.

☺ ☺ ☺

Evita quejarte. Es una pérdida de energía. Sé más constructivo con tu tiempo. Enfócate en aquello que es adecuado para el mundo, en lugar de hacerlo en aquello que está mal.

☺ ☺ ☺

Haz un viaje en bicicleta de varios kilómetros o más a un lugar donde te expongas a los elementos –a todas las vistas, sonidos y aromas a lo largo del camino. Experimentarás una gran cantidad de cosas que nunca habías experimentado al viajar por la misma ruta en carro.

Por lo menos una vez al día, haz gala de esas características que tenías cuando eras niño. Los niños son imaginativos, juguetones, curiosos y espontáneos.

☺   ☺   ☺

No te lleves a la cama tus preocupaciones y problemas. Para combatir el insomnio, coloca uno o dos libros que te sirvan de inspiración junto a tu cama.

☺   ☺   ☺

Usa tu humor y encanto para vivir, para transformar una mañana sombría en una mañana hermosa. Puedes cambiar la calidad de tu vida al cambiar el contexto en que ves tus circunstancias. Haz un esfuerzo para poner una mirada positiva incluso en los acontecimientos más penosos.

**Sé niño otra vez. Disfruta el mundo por todo lo que vale la pena.**

☺ ☺ ☺

Añade novedad a tu vida tanto como sea posible. Los investigadores de la Universidad del Sur de California descubrieron que los individuos que hacen nuevas cosas con regularidad, como ir a lugares donde nunca han estado o participar en un nuevo juego, eran más felices y tenían un mejor sentido de bienestar que las personas que siguen haciendo las mismas cosas de siempre.

☺ ☺ ☺

Nunca olvides este importante punto si quieres tener un estilo de vida más equilibrado: no tienes que trabajar duro para tener una vida decente pero tienes que trabajar de forma inteligente.

Descubre realmente si estás obsesionado con el trabajo, viendo si padeces alguno de los siguientes síntomas:

·Pasas más de cuarenta y cinco horas a la semana en el trabajo y te pagan por sólo cuarenta.
·Casi nunca tomas tus vacaciones.
·Usas el trabajo para evitar compromisos sociales.
·El trabajo es un sustituto de tus pasatiempos y otros intereses de esparcimiento.
·La vida laboral interfiere con la vida familiar.
·Pospones las cosas divertidas.
·Estás más que deseoso por llenar cualquier tiempo libre tomando los proyectos de otras personas.

☺  ☺  ☺

Comparte un trabajo si estás trabajando mucho y tu vida personal lo está padeciendo. Compartir un trabajo ha ayudado a miles de personas que llevan sus vidas a un mejor equilibrio.

**Encuentra un árbol a cuya sombra puedas recostarte y leer un anovela durante una o dos horas.**

☺ ☺ ☺

Haz una lista de tus sueños y analízalos. ¿Estás invirtiendo el tiempo adecuado para lograr tus sueños? El dolor de sueños no realizados puede ser el peor que hayas experimentado. Aunque los sueños se hacen realidad para aquellos que se enfocan en ellos y trabajan para lograrlos.

☺ ☺ ☺

Jubílate pronto de modo que tengas tiempo para vivir. No necesitas un millón de dólares para jubilarte. Muchas personas se han jubilado a los treinta o cuarenta con sólo $250,000 dólares o menos a su nombre.

Los profesionales de la salud afirman que la respiración profunda es importante para una óptima salud. Detente y haz cinco respiraciones profundas de aire fresco cuando salgas en la mañana.

☺ ☺ ☺

Las formaciones de las nubes son fascinantes. ¿Te has recostado para mirar a las nubes desde que eras un niño? ¿Por qué no? Sólo hazlo.

☺ ☺ ☺

Comparte y experimenta la vida diaria de la gente alrededor del mundo al hospedarte con una familia anfitriona. Servas, una red internacional en Nueva York para anfitriones y viajero, puede arreglar algo así para ti.

Bebe un vino caro o un buen champán por lo menos una vez al mes-aunque no tengas nada que celebrar.

☺ ☺ ☺

Si no te gusta ir a fiestas, no vayas sólo porque te sientes obligado. Ocupa tu tiempo haciendo lo que te gusta hacer.

☺ ☺ ☺

Toma un año de vacaciones y trabaja por ti mismo alrededor del mundo. Aquí hay dos libros que te dirán cómo: *Work Yourself Around the World* y *Teaching English Abroad* (Peterson's Publishing).

☺ ☺ ☺

No envíes tarjetas de navidad o de Hanukkah sólo porque otras personas lo hacen. Envía tarjetas especiales en febrero cuando tienes más tiempo y serán mejor apreciadas.

CALVIN AND HOBBES © 1992 Watterson. Reimpreso con permiso de UNIVERSAL PRESS SYNDICATE. Derechos reservados.

☺ ☺ ☺

Trata de escaparte de los niños por lo menos un día completo una vez al mes. Una forma de hacerlo es enviar a los niños a un campamento de verano mientras que tú y tu esposa toman unas vacaciones por separado.

Cuestiona constantemente a los anunciantes que dicen que sus productos harán tu vida mejor. ¿Qué tan mejorada puede estar tu vida al tener más cosas, si no puedes encontrar el tiempo para disfrutar lo que ya tienes? Deja que te dirijan tus propias necesidades internas en lugar de obedecer a influencias externas.

☺ ☺ ☺

No te atrevas a tratar de ser un sabelotodo. No tienes que ser un experto en cada materia imaginable. Además los sabelotodo son un dolor de cabeza para la gente.

☺ ☺ ☺

Trabaja para mantener un peso saludable. Controla la comida en lugar de permitir que la comida te controle. Estarás en mejor forma para trabajar en forma más eficiente y disfrutar más de la vida.

Uno de los signos de la paz interna es la habilidad para no juzgarse uno mismo ni a los demás. Pasa un día completo tratando de no juzgar a la gente.

☺   ☺   ☺

Son las pequeñas cosas que haces las que le dan valor a la vida. Tómate el tiempo para sonreír y saludar a la gente que no conoces y mostrarles cuánto aprecias la vida.

☺   ☺   ☺

Si la amistad está ausente de tu vida, sigue el consejo de Ralph Waldo Emerson: "La única forma de tener un amigo, es ser uno mismo uno".

Si estás casado, sé más romántico con tu esposa con más frecuencia. Ser romántico es una actitud que viene del alma y el espíritu –y no de tener mucho dinero. Intenta leer el libro de Gregory J.P. Godeck *1001 Ways to Be Romantic* (Casablanca Press).

☺ ☺ ☺

Las decisiones apresuradas pueden causarte problemas. Con frecuencia las decisiones importantes deben posponerse tanto como sea posible. El tiempo extra que inviertes te puede ahorrar dinero o ayudarte a idear una solución mucho más efectiva.

☺ ☺ ☺

Deja de tratar de leerlo todo. Si estás padeciendo una sobrecarga de información, cancela algunas de tus suscripciones a revistas.

Mímate con regularidad. Las pequeñas recompensas, como cenar fuera, son mucho más satisfactorias y efectivas que las grandes recompensas, como un caro atuendo o un carro nuevo.

☺ ☺ ☺

Recuerda que no hay una solución perfecta para todo problema. Deja de buscarla.

☺ ☺ ☺

Es sabio evitar estar orientado a las metas y juzgarte a ti mismo con base en los logros materiales o relacionados con el trabajo. Al final del día, determina qué tan bien te fue en el día en relación con qué tanto te relajaste, reíste y jugaste.

Recuerda que la vida será una serie de aventuras y maravillosos descubrimientos si eres creativo con tu tiempo de esparcimiento. Para ponerte en contacto con tu creatividad, lee *The Artist's Way de Julia Cameron.*

☺ ☺ ☺

Para sentirte feliz, y en paz con el mundo, debes ser capaz de retirarte y dejar que la vida tome su curso natural. Aprende a dejarte fluir. Deja que las cosas ocurran en lugar de tratar siempre de hacer que las cosas ocurran.

☺ ☺ ☺

Toma el tiempo para sumergirte totalmente en el olvidado arte de escribir cartas a mano a amigos y parientes. Sé creativo. Sé sorprendente. Sé chistoso. Obtendrás mucha satisfacción al desplegar tu creatividad.

Pídeles a tus amigos que cuestionen algunas de tus actividades que parecen innecesarias o más complicadas de lo que deberían ser. Puede ser que tus amigos vean algo que a ti se te escapa.

☺ ☺ ☺

El 31 de diciembre de cada año, felicítate por haber salido bien en el año. Revisa tus éxitos y date unas palmadas en la espalda.

☺ ☺ ☺

Escribe un libro sobre alguno de tus temas favoritos. Para mantener el impulso y terminarlo, escribe por lo menos quince minutos al día.

☺ ☺ ☺

Una vez que lo hayas terminado, publica tú mismo sólo diez o veinte ejemplares para iniciadores.

Elimina cualquier cosa que te distraiga cuando estás haciendo algo importante como escribir un libro o hacer el amor. Apaga la televisión, desconecta el teléfono, y no oigas –o incluso, desconecta– el timbre de la casa.

☺ ☺ ☺

Crea tu propio libro negro de citas humorísticas, sabias e inspiradoras. Cuando te sientas deprimido o rechazado, lee estas citas para levantarte el ánimo.

☺ ☺ ☺

Sin importar qué tan bueno seas, no puedes ganar todo el tiempo. Por lo tanto. Evita tratar de ser mejor que otros en el trabajo y la diversión. El egoísmo está tratando de probar que vales la pena porque muy en el fondo sientes que no lo vales.

En este apresurado mundo es mucho más fácil dejar morir a las amistades sólidas. No pienses que tus amigos estarán ahí para siempre. Haz tiempo para telefonearles y visitarlos, o terminarás perdiéndolos.

☺ ☺ ☺

¡Aligérate! Oscar Wilde dijo: "La vida es muy importante como para tomarla en serio." Por momentos, olvídate de todos los asuntos importantes. Hablar del lado ligero de la vida aliviará el estrés producido por el lado serio de la misma.

☺ ☺ ☺

**Nunca estés demasiado ocupado como para ayudar a un buen amigo que te necesite.**

Asegúrate de levantarte lo suficientemente temprano para tomar un desayuno descansado antes de salir a trabajar. Comer algo en el carro mientras te diriges a la oficina es tanto peligroso como poco saludable.

☺ ☺ ☺

Si sientes que la vida está tomando lo mejor de ti, mantén un paso mucho más lento de lo normal durante una semana y observa lo que ocurre con tu nivel de estrés.

☺ ☺ ☺

No permitas que esos días en que tu carrera, economía o asuntos personales no son tan brillantes como te gustaría te alejen de las buenas cosas que están pasando en tu vida.

Evita llevar eso a los restaurantes, a los cursos de golf, a los parques y a los lugares en que realizas tus actividades de esparcimiento. "Eso" es tu teléfono celular. Se incrementará tu disfrute de la vida si usas tu teléfono celular sólo cuando es absolutamente necesario recibir determinada llamada.

☺ ☺ ☺

Si puedes pagarlo, contrata un servicio de limpieza para tu hogar de modo que puedas disfrutar las cosas importantes de la vida. Estarás también ayudando a los empleados del servicio al darles trabajo e ingresos.

☺ ☺ ☺

Tu mamá tenía razón: mastica el tiempo suficiente la comida. Alimentos bien digeridos son necesarios para la buena salud. La importancia de comer lenta y deliberadamente para absorber por completo la energía de los alimentos se refuerza en la *Profecía de la Celestina*.

Debido a que en realidad no hay preguntas estúpidas, convierte cada día en el Día de la Pregunta Estúpida. Esto asegurará que sigues aprendiendo acerca del mundo que te rodea. Aristóteles dijo: "Cuando haces una pregunta tonta, obtienes una respuesta inteligente."

☺ ☺ ☺

Dependiendo de cómo manejes y reduzcas el estrés en tu vida, puedes acabar siendo una brillante luz, o una llama vacilante o estar completamente apagado. La Red de Recursos de Salud ha declarado al mes de abril el Mes de la Conciencia del Estrés, pero trata de estar siempre alerta de cómo el estrés interfiere con tu salud. Consulta a tu doctor para mayor información.

☺ ☺ ☺

Nunca abandones a un amigo o pariente enfermo. Llévales flores, una tarjeta o un regalo especial. Comparte tu tiempo y risa y trata de levantarles el ánimo.

Tómate el tiempo para descubrir qué es lo que te apasiona. Haz una lista de tus ciudades, hoteles, deportes, juegos, canciones, vino, escritores, películas, restaurantes y comida favoritos. Incorpora estas cosas en tus actividades de esparcimiento.

☺ ☺ ☺

Si tienes una chimenea en tu casa, úsala. Éste es el momento de ser romántico o de relajarte observando las llamas, dejando tu mente en blanco.

☺ ☺ ☺

Varía lo que haces durante los fines de semana. No dejes que la rutina te absorba. Aquí tienes una sugerencia: En lugar de desayunar como siempre en casa, dirígete a una carretera a la que no haya ido antes y come en el primer restaurante atractivo que te encuentres.

Asegúrate que la mayoría de tus amigos no esté relacionado con tu lugar de trabajo. Los amigos que no trabajan contigo proporcionan un intercambio mucho más amplio de la vida y del mundo.

☺ ☺ ☺

Para aliviar el estrés, intenta la terapia del grito. Cuando estés solo en casa o en tu auto en una carretera, grita a todo pulmón. Notarás la diferencia inmediatamente.

☺ ☺ ☺

Ovidio dijo: "Feliz es el hombre que puede contar sus sufrimientos". En lugar de pensar sobre tus problemas, de vez en cuando piensa en todos los problemas graves que has evitado y cuánto más difícil podría   haber sido tu vida.

Discutir sobre algo trivial es una pérdida de tiempo y energía que podría utilizarse haciendo algo que valga la pena. Cántale a tu esposa en lugar de sermonearla o discutir con ella. Ambos se sentirán mejor.

☺ ☺ ☺

Nunca descuides a tus padres debido a que llevas un estilo de vida muy ocupado. Llama por teléfono a tu mamá y a tu papá por lo menos una vez a la semana sin importar dónde estés o qué tan ocupado vivas.

☺ ☺ ☺

Si estás en tu carro quejándote del pesado tránsito, recuerda que tú tienes tanta culpa como cualquier otro auto que esté en ese momento en esa avenida. Deja de manejar y verás cómo desaparece rápidamente tu problema de tránsito pesado.

# El dinero y la felicidad

Ten claridad sobre el propósito del dinero. El dinero es como la salud. Es necesario para sobrevivir, pero no debe uno vivir para él.

ಌ ಌ ಌ

No admires a la gente por su riqueza. Admira a la gente por las cosas que han podido lograr, como conservar la paz y la felicidad, a pesar de no tener bienes materiales.

ಌ ಌ ಌ

Cuando pienses en comprar algo, pregúntate cuántas horas tendrás que trabajar para pagarlo. ¿Vale la pena?

**Compra calidad en lugar de comprar lujo o estilo.**

ە ە ە

Recuerda que muchas de las mejores cosas de la vida son gratis o cuestan muy poco. Un estudio realizado por la Universidad de Chicago confirmó que la gente obtiene mayor placer y satisfacción en actividades de esparcimiento que no cuestan mucho.

ە ە ە

Vive tu vida como un ser espiritual y no principalmente como un consumidor.

Sólo porque algo está de moda, no significa que valga la pena tu dinero ni tu atención. No seas esclavo de los dictados de la moda usando la ropa para estar a tono. En lugar de adoptar la imagen de otra persona, muestra tu verdadera personalidad y usa algo que no sea caro, pero que sea diferente y creativo. Viste para la aprobación de otros sólo si ellos están preparados para pagar el precio.

☙ ☙ ☙

Elimina las expectativas poco realistas de lo que podría hacer por ti una gran cantidad de dinero. Si el dinero hace feliz a la gente, entonces ¿por qué la familia real de Inglaterra tiene tantos problemas? Piensa en toda la gente que conoces que están haciendo mucho dinero pero que están en crisis constantes y que no disfrutan de la vida.

No es tan importante aumentar tus bienes, como lo es reducir tus necesidades. Eliminar tu deseo de algo es tan bueno como poseer ese algo, y casi siempre es menos problemático. La clave es vivir por debajo de tus posibilidades. En lugar de luchar por estar al nivel de la gente de dinero, descubre la felicidad de poder vivir de manera más sencilla.

ও ও ও

Tomar decisiones apresuradas cuando vas a hacer una compra considerable, puede ser un desastre financiero. Toma por lo menos uno o dos días para pensarlo.

MISTER BOFFO © Joe Martin. Dist. Por UNIVERSAL PRESS SYNDICATE.
Reimpreso con permiso. Derechos reservados.

Asegúrate que tus expectativas de una "buena vida" están de acuerdo con la realidad. Quizá tengas que frenar tus deseos alejándote de los centros comerciales y dejando de leer las revistas que muestran una costosa "buena vida".

        ❦ ❦ ❦

Si no quieres trabajar duro, apégate a uno de los siguientes secretos para manejar el dinero: La primera poderosa forma para manejar el dinero es gastar menos de lo que ganas. Si esto no funciona para ti, hay una segunda manera de hacerlo: gana más de lo que gastas.

        ❦ ❦ ❦

No pierdas tiempo envidiando o codiciando los bienes de otros. La envidia es como un ácido: derrite el recipiente que la contiene. Siempre habrá amigos, parientes, vecinos o celebridades que tienen casas más grandes, manejan mejores autos o usan ropa más costosa.

En lugar de los regalos comunes que cuestan dinero, da a tu familia el regalo del tiempo. Este regalo tendrá un mejor impacto para mostrar tu amor que los regalos materiales.

☙ ☙ ☙

Separa tus necesidades reales de tus deseos. La mayor parte de las cosas que concebimos como necesidades en realidad son deseos y no necesidades reales. Reduce los gastos en tus deseos, y no tendrás que trabajar tanto.

☙ ☙ ☙

Si tienes una cantidad considerable de dinero, aprende a disfrutarla en lugar de dejarla para que otros la disfruten. Recuerda las palabras de aquel sabio que decía: "Es mejor vivir rico que morir rico."

De hecho, trata de gastar todo tu dinero antes de morir. De acuerdo con Stephen Pollan, autor de *Die Broke*, lo ideal es que firmes tu último cheque para pagar a la funeraria. Entonces podrás escribir en tu testamento: "Yo, en pleno uso de mis facultades, gasté todo mi dinero mientras todavía estaba vivo."

ච ච ච

Antes de comprar algo, pregúntate cuánto lo vas a usar en realidad. Considera la posibilidad de pedirlo prestado a un amigo o pariente.

ච ච ච

Presta atención al importante consejo de Kay Lions: "El ayer es un cheque cancelado, el mañana es un pagaré; el hoy es el único dinero en efectivo que tienes –así que gástalo de la manera más sabia que puedas."

Tu creatividad y habilidad para generar nuevas ideas para enfrentar los problemas cotidianos debe valer más de un millón de dólares. El día en que realmente uses tus habilidades creativas será el día en que te inicies en el camino de ser capaz de tomar las cosas con calma mientras otros pasan largas horas ganándose la vida.

☙ ☙ ☙

Pon el dinero en su lugar. Con el dinero puedes comprar carros, casas, baratijas, sexo efímero, compañía trivial, atención despreciable y un estatus de insatisfacción. Pero no puedes comprar paz, amor ni felicidad.

Acepta que nunca tendrás suficiente dinero para resolver todos tus problemas. Si no puedes aceptar esto, entonces no tienes claridad con relación al dinero. La gente con grandes cantidades de dinero tienen tantos problemas como el resto de la gente y, algunas veces, más. Basta con leer el periódico y poner atención a todos los problemas en que la gente rica está involucrada.

☙ ☙ ☙

Presta atención a lo que haces con tu dinero día a día. Lleva un registro por escrito de las cosas en que gastas tu dinero, y cuánto, cada día durante una semana.

Nunca prestes una gran cantidad de dinero a un amigo o pariente (el 50 por ciento de los préstamos a familiares y el 75 por ciento de préstamos a amistades quedan sin pagar). Si a tu amigo le cuesta mucho trabajo pagarte, perderás tanto el dinero como la amistad. Existen los bancos para dar apoyo financiero; las amistades existen para dar apoyo no financiero.

☙ ☙ ☙

Enriquece y simplifica tu vida suscribiéndote a Simple *Living –The Journal of Voluntary Simplicity* (Seattle, Washington).

☙ ☙ ☙

**Gana el dinero antes de gastarlo.**

Nunca comprometas tu honestidad para hacer dinero, incluso si parece que tú eres el único que sigue las reglas. Si ganas 10 dólares en forma deshonesta, más tarde te costará 100, y no necesariamente en términos financieros sino en la pérdida del respeto por uno mismo y por los demás, sin mencionar la posibilidad de ir a parar a la cárcel.

Aléjate de las apuestas de cualquier tipo. Wison Mizner definía las apuestas como "El camino más seguro de sacar nada a costa de algo."

CALVIN Y HOBBES © 1986 Watterson. Reimpreso con permiso de UNIVERSAL PRESS SYNDICATE. Derechos reservados.

Aprende a desprenderte de parte de tu dinero. Esto aumentará tu conciencia de prosperidad y te permitirá disfrutar más de la vida.

☙ ☙ ☙

Toma en consideración estas poderosas afirmaciones acerca del dinero hechas por Micahel Phillips en su libro *The Seven Laws of Money*:
·El dinero crea y mantiene sus propias reglas.
·El dinero llegará cuando estás haciendo lo correcto en tu vida.
·El dinero es un sueño –de hecho puede ser una fantasía decepcionante.
·Con frecuencia el dinero es una pesadilla.
·Nunca puedes dar realmente el dinero como regalo.
·Nunca puedes realmente recibir dinero como regalo.
·Hay muchos mundos fascinantes sin dinero.

Ve un paso adelante con tus tarjetas de crédito. Nunca las uses para crédito. Úsalas porque así te conviene y para adquirir millas aéreas adicionales. Paga las cuentas inmediatamente.

℘ ℘ ℘

No te juntes con los vecinos si tú no tienes para seguirles el paso. Puesto que tendemos a adoptar los valores y las creencias de la gente que nos rodea, acércate a personas que tiendan a la simplicidad, tienen un buen equilibrio entre la vida y el trabajo y están haciendo del mundo un mejor lugar para vivir.

℘ ℘ ℘

Amplía tu crédito para comprar una casa, pero nunca lo hagas para adquirir un auto.

Antes de comprar más ropa o baratijas que quizá no necesites, considera que el canadiense y el estadounidense promedio consume cinco veces más que un mexicano, y diez veces más que un chino, y treinta veces más que un hindú.

Utiliza estas seis propuesta para ahorrar dinero:
 Compra lo mismo por menos.
·Úsalo menos.
·Dale mantenimiento y cuídalo para que dure más.
·Trata de reparar lo viejo antes de comprar un sustituto.
·Cómpralo en sociedad con alguna otra persona.
·No lo compres todo.

ଙ ଙ ଙ

Si ahorras suficiente dinero como para vivir sin trabajar durante un año, no tienes que sentirte atrapado en un empleo. Ahorra algún dinero de cada cheque que recibas en una cuenta que llames: "Toma este trabajo y empújalo".

Abre una cuenta separada en el banco para gastos frívolos.

Guarda de dos a cinco por ciento de tu ingreso para artículos que no necesitas pero que realmente te gustaría tener. Cuando tengas suficiente dinero, compra uno de estos artículos. Asegúrate que todo el dinero de esta cuenta se gaste en cosas frívolas.

CALVIN AND HOBBES © 1993 Watterson. Reimpreso con permiso de UNIVERSAL PRESS SYNDICATE. Derechos reservados.

No compres algo sólo para estar en onda. *Estar en onda* y *ser inteligente* no son sinónimos. La urgencia de estar en onda ha llevado a mucha gente a la bancarrota.

☙ ☙ ☙

Aprende a decir no a los niños. Los niños adquieren el hábito de pedir más y más dinero o cosas. Si usan el argumento de que todos los demás niños tienen eso que ellos quieren, reconozca su deseo pero sea firme con el hecho de que no lo *necesitan*.

☙ ☙ ☙

Recuerda que cuantas más cosas compro, tendrás menos tiempo para disfrutar de las cosas que ya tienes.

No economices como un intento de dejar dinero a tus hijos adultos después que mueras. Los hijos adultos deberán ser autosuficientes tan pronto como salen del hogar y no requieren cuidados económicos de consulta externa.

ও ও ও

**Aprende a pensar en la oportunidad en lugar de en la seguridad.**

ও ও ও

Crea tu propia lista de formas en que puede disfrutar cosas y actividades gratis. Aquí hay algunas con las que puedes empezar:
·Ve a catar vino en las vinaterías.
·Toma un bocadillo en una tienda que esté ofreciendo muestras de algún producto.
·Recoge flores al lado del camino para tu amada.
·Participa como voluntario en un grupo de teatro, en un club de jazz y otros sitios de entretenimiento para tener entrada gratis a los espectáculos.
·Las mascotas son caras, así que no compres una.

En lugar de esto, pide prestado el perro de tu vecino y llévalo a pasear.
·Haz una fiesta en tu casa. Pídeles a los invitados que traigan comida y bebida. Tú no pongas nada más que la casa.

☙ ☙ ☙

Presta oídos a las palabras de Mahatma Gandhi: "El mundo tiene suficiente para la necesidad de cada uno, pero no hay suficiente para la codicia de todos."

☙ ☙ ☙

Trata de integrar tus necesidades materiales con tus necesidades espirituales. Compra cosas que hablen de tu esencia y no de los deseos de tus amigos o de los anunciantes.

**No compres algo sólo porque está de oferta.**

❧ ❧ ❧

En negocios riesgosos sólo invierte la cantidad de dinero que estás dispuesto a perder.

❧ ❧ ❧

Considera tu ingreso limitado como una bendición disfrazada. Esto te da la oportunidad de ser creativo y vivir dentro de tus medios. Muchas parejas adineradas dicen que eran mucho más felices cuando tenían menos y tenían que ser creativos para irla pasando financieramente.

❧ ❧ ❧

Pon atención a lo que aconsejan los budistas: "Quiere lo que tienes y siempre obtendrás lo que quieres."

Si no tienes tanto dinero como otras personas que conoces, deja de lamentarte por tu destino. La envidia y los celos sólo servirán para que estés resentido y menguará tu energía necesaria para hacer un cambio positivo en tu vida.

☙ ☙ ☙

Recuerda la diferencia entre gastar 10 por ciento más de lo que ganas y gastar 10 por ciento menos de lo que ganas se traduce, respectivamente, en un caos financiero y en una bancarrota personal eventual y, en la segunda opción, en una satisfacción financiera y una libertad personal.

☙ ☙ ☙

Prepárate para disfrutar de tu dinero, especialmente si estás en un puesto de altos ingresos. Si nunca has ido a un restaurante que no sea de autoservicio, ahora es le momento de salir de tu pobreza y empezar a vivir.

# El lugar de trabajo

No permitas que tu ego y tus creencias en cuanto a valor de trabajar duro obstaculicen tu experiencia de la vida. Ten la voluntad de resistir las formas tradicionales de pensamiento. Al tener un criterio más amplio, descubrimos que nuestras personalidades y estilo de vida no deben estar grabados en piedra.

✤ ✤ ✤

Si tienes que llamar a la oficina cuando estás de vacaciones, limita las llamadas a una diaria. Que el personal de la oficina esté preparado de antemano para recibir tu llamada y discutir las cosas que deban discutirse.

Recuerda que trabajar ocho o más horas no es natural para los seres humanos. La semana de cuarenta horas llegó con la Revolución Industrial. En las sociedades primitivas (que considero más avanzadas), la gente trabajaba un promedio de tres a cuatro horas al día.

✦ ✦ ✦

Si trabajas largas horas para llegar a ser rico y famoso, pregúntate lo siguiente: "¿Quiero ser el más o el más famoso del panteón?"

✦ ✦ ✦

Reta a tu necesidad de pasar más tiempo en asociaciones relacionadas con el trabajo o con funciones de horas extras. Un reportaje principal en la revista *Fortune* acerca de ejecutivas muy existosas descubrió que ellas no pasaban el tiempo trabajando en la red porque no les parecía importante para lograr el éxito.

Asegúrate de que tu trabajo te sirve a ti en lugar de que tú sirvas a tu trabajo. Tu trabajo debería darte energía y sentido a tu vida. Si no es así, considera la posibilidad de hacer un cambio. Encuentra algo que refuerce tus talentos todavía más.

⊕ ⊕ ⊕

Di algo positivo en el momento en que entres a tu lugar de trabajo.

⊕ ⊕ ⊕

Si alguna vez estás desempleado, considera este momento como una oportunidad. Estar sin trabajo es la verdadera prueba para saber quién eres realmente. Tómate tu tiempo para regresar a trabajar. No te quedes con cualquier trabajo; espera por la oportunidad precisa.

Para leer a pesar de tener un horario muy apretado, trata de leer mientras haces otras actividades. Lee mientras usas la bicicleta estacionaria o mientras esperas el autobús.

✢ ✢ ✢

Si necesitas hacer transbordo, usa ese tiempo sensatamente. No escuches programas de radio que puedan causarte estrés o te hagan pensar negativamente. En lugar de esto escucha música relajante, o buenas novelas grabadas en audiocintas o cintas de autoayuda.

✢ ✢ ✢

Anuncia al mundo que no aceptas llamadas de negocios en tu casa.

Recientemente Hewlett Packard inició una campaña para persuadir a sus cientos de miles de trabajadores de tener un mejor equilibrio entre el trabajo y la diversión. Susan Moriconi, jefa del programa Trabajo y Vida de la compañía, señala que largas horas de trabajo así como viajes de negocios innecesarios reducen la creatividad y agotan a los empleados tanto emocional como físicamente.

MISTER BOEFO © Joe Martin. Dist. Por UNIVERSAL PRESS SYNDICATE.
Reimpreso son permiso. Derechos reservados.

Cuando llegues a la oficina, acomete primero con la tarea más pesada. Esto reducirá tu estrés y ansiedad puesto que no tendrás que pensar en eso más tarde durante el día.

Delega algunas tareas incluso si esto significa que no serán realizadas tan bien ni concluidas tan pronto. Podrás llegar más temprano a casa para dedicarte a actividades de esparcimiento y pasar tiempo con tu familia. También tendrás más tiempo en el trabajo para alimentar tu creatividad y generar nuevas oportunidades.

✟ ✟ ✟

Opera a partir de la excelencia –no de la perfección. Haz lo mejor que puedas dentro del tiempo asignado y después pasa a otra cosa.

✟ ✟ ✟

Mejora tu trabajo descubriendo qué es lo que puedes hacer de otra manera. ¿Qué puedes cambiar que facilitaría las cosas de modo que pudieras completar tus tareas dentro de las horas habituales de trabajo?

Una o dos veces al año, impulsivamente, tómate medio día para ir a jugar golf o al cine.

⊕ ⊕ ⊕

Los empleados sin sentido del humor son una verdadera carga. Asegúrate de ejercitar tu sentido del humor en el trabajo de una manera que alegres tanto a otros como a ti mismo.

⊕ ⊕ ⊕

No importa qué tan frustrado estés, trata de controlar tu temperamento. Cuando permites que otra persona te haga enojar, le has dado control sobre ti.

⊕ ⊕ ⊕

Reduce al mínimo las actividades laborales que no te gustan. Trabajar demasiado en cosas que no te agradan puede interferir con tu desempeño, tu salud y tu sentido de bienestar.

Si no estás sacando nada del Seminario Liderazgo 2000, vete temprano para hacer algo que te divierta. No te sientas obligado a quedarte hasta el final del seminario o del programa de capacitación administrativa al que te envió tu compañía.

✧ ✧ ✧

En los memos, faxes, paredes y puertas de la oficina, coloca caricaturas chistosas y entretenidas relacionadas con tu lugar de trabajo.

✧ ✧ ✧

De acuerdo con *Celebrate Today*, el 3 de abril es el día de *No vayas a trabajar a menos que sea divertido*. Si eres uno de los dos tercios de personas que no disfrutan de su trabajo, éste es el día para quedarte en casa y reflexionar en lo que realmente te gustaría hacer para ganarte la vida.

Un estudio realizado en 1997 por el Instituto para el Futuro, la Organización Gallup y la San Jose State University en California, descubrieron que los empleados de las 1000 compañías mencionadas en *Fortune* utilizaban un cierto número de tácticas de la guerrilla para manejar la sobrecarga de mensajes en la oficina. Aquí hay una: No vacíes tu correo de voz y no recibirán ni un mensaje más.

✤ ✤ ✤

Del mismo estudio, aquí está otra táctica de la guerrilla para manejar la sobrecarga de mensajes: Deja descargar las baterías de tu teléfono celular y no podrás recibir más llamadas.

Ve si puedes implementar esta táctica en tu empresa para ser más eficiente y hacer más trabajo: una o dos horas de silencio cada día durante el cual a los empleados se les permite trabajar sin ser interrumpidos por llamadas telefónicas, correos electrónicos, visitas de compañeros de trabajo ni llamadas de los representantes de ventas de otras compañías.

✦ ✦ ✦

Cuando Bob Waterman, coautor de *En busca de la excelencia*, trabajó en el Bank of America, ocasionalmente les daba a sus empleados la tarde libre para que fueran a disfrutar del atardecer. Si eres gerente o tienes un negocio propio, haz lo mismo. Si eres empleado, trata de convencer a tu jefe de hacer lo mismo.

✦ ✦ ✦

Aprende a soñar despierto en el trabajo sin que te descubran. Soñar despierto puede ser relajante y productivo. Mejorará tu creatividad.

**Trata de trabajar en el área que te dé más luz natural.**

✠ ✠ ✠

Siempre ten a la vista algo terapéutico. Puede ser tu planta favorita o una pequeña fuente de agua.

✠ ✠ ✠

Recuerda que no hay precio que pague el hecho de que tu carro sea el primero en entrar al estacionamiento de la compañía y sea el último en salir.

✠ ✠ ✠

Ciertos olores nos relajan y nos hacen más productivos. Infórmate sobre la aromaterapia, y coloca tus aromas favoritos en tu ofician y inhálalos cuando te sientas estresado. Los aromas junto con la pausa para hacer respiraciones profundas rejuvenecerán tu espíritu.

Toma un sabático de tu trabajo cada cinco años más o menos. Abre una cuenta de banco para tu sabático ahora, y en pocos años podrás tener un descanso de seis meses o más lejos del trabajo.

✢ ✢ ✢

Pon el trabajo en su lugar. Cierto, tienes que ganarte la vida. ¿Por qué hacer de esto una obsesión? El trabajo debe ser parte de tu vida diaria pero no más importante que divertirse.

✢ ✢ ✢

No te resistas al cambio –adáptate. Serás más feliz y estarás más relajado. Considera que la mayor parte del tiempo el cambio conduce a algo mejor a largo plazo.

Si sentirte bien es lo que necesitas en tu vida más que cualquier otra cosa, hoy en la noche ve a algún lugar donde la gente sea agradable y haya buena música. El trabajo de la oficina puede esperar.

✦ ✦ ✦

Pasa tanto tiempo como te sea posible con personas pausadas. Una vez al mes invita a comer a alguien que disfrute de la vida más que tú.

✦ ✦ ✦

Si tienes un mal día en el trabajo, haz un poco de ejercicio en tu oficina caminando por ahí, o subiendo algunas escaleras. El ejercicio calmará tu mente y te dará una sensación de bienestar.

Al igual que con los asuntos personales, practica tomar decisiones rápidas en cuanto a asuntos triviales o insignificantes en el trabajo. Aquí otra vez, echar un volado es más fácil. El tiempo que ahorras así, puedes utilizarlo en asuntos más agradables.

✠ ✠ ✠

Para tener un mejor equilibrio entre el trabajo y la diversión, toma prestada una táctica de Hewlett Packard. La compañía pide a sus empleados que se pregunten a sí mismos qué valor conlleva determinada tarea y qué pasaría si los empleados no realizan la tarea en cuestión. Para reducir tu carga de trabajo, define si realmente necesitas generar ese informe adicional u organizar otra junta.

Un cartel para el lugar de trabajo señala: "Para aliviar el estrés, sólo golpea tu cabeza contra la pared tres veces." ¡NO HAGAS ESTO! Encuentra otras formas más creativas para eliminar el estrés, como jugar fútbol en el estacionamiento por las tardes.

✦ ✦ ✦

**Escucha tu música favorita para reducir el estrés.**

✦ ✦ ✦

Considera la idea de tomar una siesta. En un artículo publicado en el *Washington Post* señalaba que las compañías tienen cuartos para siesta con el fin de mejorar la salud y la creatividad de sus empleados. La compañía no sólo permite que los empleados tomen siestas, sino que lo promueve.

No esperes que otros hagan agradable y divertido tu lugar de trabajo. Promueve tú la diversión para otros.

✟ ✟ ✟

Tómate el tiempo necesario para celebrar tu cumpleaños y aniversarios así como el de tus compañeros de trabajo, decorando el lugar de trabajo e invitándolos a comer.

✟ ✟ ✟

Adminístrate de manera efectiva cuando inicies nuevos proyectos. Si te arrojas de una vez en esa tarea pareciera lo correcto en un principio, pero sería erróneo a largo plazo. Terminarás perdiendo tiempo y energía.

¡Sal cuanto puedas! Aprovecha cualquier oportunidad que tengas de dejar la oficina o el edificio en que trabajas. La luz del sol y el aire fresco son mejores para ti que la luz y el aire de los edificios.

✢ ✢ ✢

Cualquier cosa que hagas en casa, no te quedes levantado regularmente en las horas pequeñas de la noche. Si te quedas despierto hasta muy tarde puede arruinar tu nivel de energía y capacidades cognitivas para el día siguiente.

✢ ✢ ✢

Si cada día sigues una rutina monótona y aburrida cuando sales del trabajo, como manejar hasta tu casa, cambiarte de ropa, preparar la cena, lavar los platos, ver televisión, y acostarte, desvíate drásticamente de tu rutina por lo menos una vez a la semana.

Lleva al trabajo la ropa más cómoda que te sea permitida. No hay razón alguna para que uses corbata y zapatos apretados sólo porque otros piensan que te ves mejor con esta ropa.

✠ ✠ ✠

Si puedes hacerlo, cambia tus zapatos por un calzado cómodo. Sube tus pies al escritorio, cuando do estés frente a él.

✠ ✠ ✠

Trata de integrar tus creencias personales con tu línea de trabajo. Tu trabajo debe reflejar tu esencia más elevada. El factor que contribuye más fuertemente a el agotamiento por el trabajo, es la falta de congruencia entre las creencias personales y los valores de la empresa.

DILBERT reimpreso con permiso de United Feature Syndicate. Derechos reservados.

Puesto que la urgencia de tener una siesta en la tarde es una tendencia producida natural y biológicamente, haz que en tu compañía haya un cuarto para siestas. Los investigadores especialistas en lugares de trabajo confirman que las siestas estimulan la seguridad, la creatividad, la producción, el ánimo así como el desempeño en su totalidad.

⊕ ⊕ ⊕

Cuando no puedas tomar una siesta en el trabajo, trata de tomarte unos cuarenta pestañeos por aquí y por allá. Como alternativa, puedes aprender a meditar en el trabajo. Incluso cinco minutos al día en el trabajo aumentará tu energía.

Demasiado trabajo mental separará tu mente de tu cuerpo. Media hora de ejercicio aeróbico te ayudará. Practica baile, yoga o sal a correr para que tu mente entre en contacto con tu cuerpo.

✣ ✣ ✣

Lleva algunos de tus juguetes favoritos al trabajo. Jugar con ellos en días llenos de estrés te hará más relajado y productivo.

✣ ✣ ✣

Elimina el hábito de usar habitualmente todo el tiempo que tienes para comer haciendo diligencias personales. Esto te dejará tan exhausto como trabajar de corrido sin salir a comer.

Organiza un evento semanal con tus compañeros de trabajo a la hora de la comida para reducir el estrés y dar un toque de diversión a tu día laboral. Por ejemplo, muéstrales un vídeo o diapositivas de tu último viaje exótico.

✟ ✟ ✟

Pon una fotografía de tus seres queridos sobre tu escritorio para recordar que el trabajo es sólo una pequeña parte de tu vida.

✟ ✟ ✟

Cuelga algunas fotos en tu oficina que representen aquello por lo que estás trabajando. Deben representar algo que realmente te inspire o te dé descanso.

Con cierta regularidad cambia las plantas, los cuadros, las fotografías y otros objetos positivos en tu oficina. De otro modo, tenderás a olvidarlos por completo con el paso del tiempo.

✠ ✠ ✠

Defiende la idea de comer con personas que nada tienen que ver con tu lugar de trabajo. Este debería ser un momento para olvidarte de tu trabajo en lugar de extenderte trabajando durante la comida.

✠ ✠ ✠

Cuando te equivoques en tu trabajo, aprende de tus errores para asegurarte que no harás lo mismo otra vez. Pero también aprende a reírte de ti mismo y de lo absurdo de la situación.

Por lo menos una vez al año, trabaja durante todo el día pretendiendo ser un extraterrestre de Marte que acaba de llegar de visita a la Tierra. Observa qué raro resulta tu lugar de trabajo.

✟ ✟ ✟

Cuando te sientas enojado o decepcionado en el trabajo, toma un reve descanso para respirar profundamente y relajarte. Vuelve a conectarte con su esencia y tu espiritualidad.

✟ ✟ ✟

Si odias tu trabajo y no puedes renunciar, deja de sentir compasión por ti. Recuerda las palabras de Oscar Wilde: "afanarse por un amo, es algo amargo; pero no tener un amo para afanarse por él, es todavía más amargo." Toma este trabajo como un escalón para algo mejor.

Para evitar que te sientas insatisfecho con tu trabajo, haz todo lo que esté en tu mano para mejorarlo. Toma nota de todos los aspectos positivos de tu empleo y trata de transformar los negativos.

✟ ✟ ✟

Para crear más tiempo, sé organizado en el trabajo. Por lo menos una vez al mes, inaugura el Día de Limpieza del Escritorio de modo que puedas encontrar todo más rápidamente.

✟ ✟ ✟

Crea oportunidades para revitalizarte a lo largo del día laboral. Tómate diez minutos para leer un libro cómico o un libro de citas, siempre que sea posible.

Cuando limpies tu escritorio, limpia tus archivos y tu librero. Al igual que los clósets desordenados en tu casa, el desorden en la oficina puede ser una gran fuga de energía.

✛ ✛ ✛

Date permiso para ser más selectivo con tus lecturas y no leas todo lo que llegue a tu escritorio. Sólo lee los memos e informes que sean importantes para tu trabajo y tu puesto.

✛ ✛ ✛

Ya sea que trabajes por tu cuenta o que trabajes para otra persona, recuerda que ser un empleado número uno, lo que cuenta no es cuántas horas ni qué tanto trabajas, sino qué tan inteligentemente haces tu trabajo.

Coloca pequeños recordatorios en tu oficina relacionados con la necesidad de tener un vida más equilibrada. En notas adheribles escribe todas las cosas que podrías estarte perdiendo si trabajas horas extras.

✟ ✟ ✟

Llévate trabajo a casa sólo si tu jefe te permite que realices tus actividades favoritas de esparcimiento en el trabajo.

✟ ✟ ✟

Si llevas trabajo a tu casa, haz lo menos que puedas porque ahí no harás un buen trabajo. Los investigadores de la Universidad de Pittsburg descubrieron que la agilidad mental de la gente desciende tanto como treinta por ciento durante la noche.

Si has estado en tu empleo durante mucho tiempo, míralo desde otra perspectiva –como si acabaras de empezar a trabajar en ese puesto.

⊕ ⊕ ⊕

Cuando te ataquen el estrés o la tensión, practica respiraciones profundas para reducirlos. Al respirar profundamente, y con regularidad, durante el día, te hará una persona más relajada y con más energía.

CALVIN Y HOBBES © 1993 Watterson. Reimpreso con permiso de UNIVERSAL PRESS SYNDICATE
Derechos reservados.

Tómate vacaciones en el trabajo. Invita a tu esposa (y a los niños si es posible) a acompañarte en uno de tus viajes de negocios.

✣ ✣ ✣

No te resistas al cambio; mantente abierto a él. El cambio es una constante en el lugar de trabajo hoy en día e, incluso, se acelera a medida que pasa el tiempo. Ten confianza en tu habilidad para responder positivamente al cambio en tu lugar de trabajo.

✣ ✣ ✣

Es relativamente sencillo tener momentos de esparcimiento cuando estás lejos de la oficina. Asegúrate de tener tiempo para hacer algo relajante cuando estés muy ocupado en el trabajo, cuando más lo necesites.

Únete al absurdo en las empresas. Trata de encontrar tanto humor como puedas en los egos inflados, en los conflictos de personalidad, en las juntas inútiles, en horarios imposibles, en las desigualdades salariales así como en las tareas mundanas que se ofrecen en tu lugar de trabajo.

✢ ✢ ✢

**Con cierta regularidad ve a que te den un masaje relajante.**

✢ ✢ ✢

Sonríe con más frecuencia en el trabajo para aliviar el estrés mental. Los investigadores de la Universidad de Stanford descubrieron que tener el ceño fruncido calienta el cerebro en tanto que sonreír lo enfría.

Ya no dejes proyectos a medias. Concéntrate en hacer una cosa a la vez, y terminarás muchas más cosas.

✢ ✢ ✢

Reduce al mínimo las pláticas con tus colegas, de modo que termines tu trabajo y puedas salir del trabajo a tu hora.

✢ ✢ ✢

No te limites por la política vacacional de tu empresa de dos o tres días. Toma una semana o dos extras sin goce de sueldo para ampliar tus vacaciones.

✢ ✢ ✢

Pide lo que quieres: menos horas de trabajo, un horario más flexible, o algunos días más de descanso. Nunca podrás saber lo que tu empleador será capaz de darte hasta que lo pidas.

Aprende a reorganizar las actividades que consumen tiempo y las tareas que no son necesarias. Y asegúrate de no hacer ninguna de ellas.

✟ ✟ ✟

Ten cuidado con lo que deseas, porque puede hacerse realidad. Si lo que quieres es que te promuevan. Recuerda las palabras de Robert Frost: "Si trabajas con empeño ocho horas diarias, tal vez termines siendo el jefe y trabajando doce horas al día."

✟ ✟ ✟

Si sientes que mereces un aumento por el tiempo extra que no te pagan, pídelo. Solicita una cantidad de 10 a 20 por ciento más de lo que crees que te mereces. Si consigues el aumento, asegúrate que parte de ese dinero será para unas bien merecidas vacaciones.

Algunos estudios han mostrado que la última hora del día de trabajo tiende a ser la menos productiva. Utiliza este tiempo para limpiar tu escritorio, leer y enviar correos electrónicos así como actividades que no requieran mucho esfuerzo.

✟ ✟ ✟

Si tienes la oportunidad de trabajar menos, ¡hazlo! Recuerda que al renunciar al tiempo extra y su paga, ganas más en un bien precioso: tu tiempo.

✟ ✟ ✟

Trabaja más en ser que en adquirir. Confucio fue el primero que dijo: "Escoge un trabajo que ames, y nunca tendrás que trabajar en tu vida."

Al final del día de trabajo cambia de canal del estado mental de trabajo al estado mental de descanso. Si puedes, regresa caminando a casa y usa ese tiempo para desconectarte del trabajo, o detente veinte minutos en el parque para relajarte. Para el momento en que llegues a tu casa, habrás eliminado los pensamientos sobre tu trabajo.

⊕ ⊕ ⊕

Nunca pierdas de vista el principio 80/20: 80 por ciento de tu producción viene del 20 por ciento de tus esfuerzos. El 20 por ciento restante de tu producción requiere 80 por ciento de tu tiempo. Para ser más eficiente, enfócate en las áreas más lucrativas de tu trabajo, y elimina las áreas menos lucrativas.

Aléjate de los chismes de la oficina, especialmente de aquellos relacionados con tus colegas. La gente productiva y segura no tiene que participar en esta actividad que es una pérdida de tiempo.

✦ ✦ ✦

No postergues la terminación de un proyecto cuando estás por acabarlo. Termínalo sin retraso y ve a divertirte jugando golf, haciendo el amor, bailando, escalando, nadando o cenando.

✦ ✦ ✦

Aprende a decir no. Si eres eficiente y productivo. Cualquier jefe decente respetará tu falta de voluntad para tener más trabajo que interfiera con tu vida personal.

No permitas que llamadas telefónicas al final del día hagan retrase tu trabajo. Pídele a la persona que hable a la mañana siguiente.

✥ ✥ ✥

Evita tratar de hacer un poco más de trabajo después de tu renuncia oficial. Esto puede provocar que trabajes varias horas sin que se te paguen y a privar a tu familia y amigos de tu compañía.

# Vida diaria

Pon el éxito en la perspectiva adecuada. El éxito no se basa en cuánta fama y fortuna adquieras. El éxito se basa en cuánta paz, satisfacción, salud, y amor experimentas en esta Tierra.

☼ ☾ ☼

Aunque no te consideres con inclinaciones artísticas, intenta hacer algo relacionado con el arte. Tómate por lo menos quince minutos al día para descubrir tus nuevos talentos. Crea tu propia pintura o tu propia música o tu propio libro.

☼ ☾ ☼

Cada atardecer es diferente; así que experimenta cada uno en su singularidad.

Después de que hayas dejado de ver televisión, ve todavía menos tele. Como mucha gente, tal vez quieras usar la tele para relajarte. Desafortunadamente, la investigación indica que con frecuencia tiene el efecto opuesto en los televidentes.

☼ ☾ ☼

Cuando estás atorado en un embotellamiento de tránsito, sácale partido. Ve si puedes entretener a las personas infelices que están en los demás carros. Por ejemplo, escribe algo chistoso con grandes letras en un trozo de papel y compártelo con ellos.

☼ ☾ ☼

No es necesario que hagas plática en alguna fiesta, sólo porque te parece diplomático. Regresa a tu casa temprano si la fiesta es aburrida y tienes cosas más interesantes y divertidas que hacer.

Algunos gerentes y ejecutivos tienen un entrenador personal que los motiva a trabajar más duro y con más eficiencia. En lugar de esto, júntate con un amigo para que cada uno, a su vez, sea entrenador en actividades de esparcimiento. Estimúlense mutuamente para que disfruten más de la vida.

☼ ☾ ☼

Aprende a detenerte ante los letreros de ALTO. Muestra al mundo que eres lo suficientemente equilibrado como para detenerte y preocuparte por la seguridad de tu familia, de ti mismo y de los demás.

☼ ☾ ☼

Lee *Living, Loving & Learning* de Leo Buscaglia. Si ya lo leiste, vuélvelo a leer.

☼ ☾ ☼

**Date el gusto con tu placer favorito.**

Este fin de semana ve a algún lugar nuevo e interesante. No te apegues a tus viejas salidas y amigos. ¿No sería algo salvaje escapar a un lugar donde puedas rentar un velero durante todo el fin de semana? Si esto te emociona, hazlo y envía a los demás una tarjeta postal.

Detente a pensar un poco en este fragmento de grafitti: "El trabajo duro retribuye en el futuro; el ocio paga ahora."

☼ ☾ ☼

**Evita tomar toda situación como un reto.**

☼ ☾ ☼

Dos veces al año ve a un restaurante donde puedas comer algo que nunca hayas probado antes.

☼ ☾ ☼

No te permitas sufrir una desilusión por tu estilo de vida equilibrado. Si casi no ves ni hablas con tu esposa, sospechas que tus hijos consumen drogas, y te sientes estresado y miserable, debes empezar a cambiar tu estilo de vida inmediatamente.

Siempre que te descubras apresurado, dite a ti mismo: "¿Por qué tanta prisa? ¡Reduce el paso y vive!

☼ ☾ ☼

**Compra más ropa cómoda que ropa formal.**

☼ ☾ ☼

Muéstrales a tu esposa e hijos que ellos tienen prioridad sobre tu trabajo. Déjalos planear una salida especial que requiera que salgas del trabajo a tiempo, por lo menos una vez al mes.

☼ ☾ ☼

Acércate a alguien querido para ti cada día. Si los complaces se sentirán bien y también te sentirás mejor tú.

Cuando tienes buenos vecinos, tómate tu tiempo para cultivarlos. Recuerda que cualquier buena acción es mejor que la mejor intención.

☼ ☾ ☼

¿Tienes un día difícil? Hojea los periódicos rápidamente para buscar artículos positivos. Sin embargo, detente en las tiras cómicas.

☼ ☾ ☼

Para luchar contra la tristeza inventa una serie de bromas, artículos y caricaturas que sean chistosas y te hagan reír fuerte. Sumérgete en esta colección siempre que te sientas deprimido.

☼ ☾ ☼

Philipa Walker nos da un buen consejo: "Tómate tu tiempo cada día para hacer algo tonto."

A tus hijos les gusta oír cada día lo especiales que son. Crea el tiempo necesario para asegurarte de que tus hijos se sientan necesitados y, lo que es más importante, amados.

☼ ☾ ☼

Participa en conversaciones estimulantes con más frecuencia por el precio de un café o un jugo. Todo lo que tienes que hacer es encontrar un café en la ciudad en que vives en el que se reúna un grupo a discutir sobre política, nuevos acontecimientos o filosofía.

☼ ☾ ☼

Limita a una hora diaria el tiempo de televisión que tú y tus hijos ven. Toda la familia se beneficiará. Algunas familias han eliminado la televisión de sus vidas y señalan que ha mejorado la calidad de su vida familiar.

¿Alguna vez se has sentido sobre estresado o deprimido con relación a la vida? ¿Necesitas una cura? Entonces realiza una larga y refrescante caminata. Paul Dudley White dice: "una vigorosa caminata de varios kilómetros harámás bien a una persona infeliz que toda la medicina y las terapias del mundo.

☼ ☪ ☼

Planea ver televisión por lo menos una hora menos cada día durante el próximo año. Esto te dará 365 horas, o el equivalente de más de quince días de 24 horas para realizar actividades de esparcimiento más valiosas.

☼ ☪ ☼

Los pensamientos negativos tienden a atraer acontecimientos negativos. Los pensamientos positivos tienden a atraer resultados positivos. Sin importar qué circunstancias influyen y dominan tu vida, siempre puedes controlar tus reacciones a esos eventos.

Si tienes un buen ingreso –el promedio de tu campo o mejor– haz esta sencilla prueba: ¿Tienes tiempo para disfrutar a tu familia y tus bienes? Si no lo tienes, establece un mejor equilibrio antes de que la vida se te vaya de las manos.

☼ ☾ ☼

La clave para unas maravillosas vacaciones no es someterte al estrés y la compulsión. Cuando estés de vacaciones, no trates de programar todo. Permite que haya algo de espontaneidad.

☼ ☾ ☼

Cuando salgas de vacaciones en tu carro, tómate tu tiempo. Disfruta del camino deteniéndote a leer las señales sobre los sitios históricos de interés.

Para aumentar tu tiempo de vacaciones, no viajes a cualquier parte. Toma unas vacaciones en casa y haz algunas de las cosas que siempre has querido hacer.

☼ ☾ ☼

Cuando visites un nuevo lugar, pregunta por los cafés y las fondas locales en lugar de comer en los restaurantes asignados para los turistas. Comerás alimentos más baratos y mejores, y estarás en una atmósfera más interesante.

☼ ☾ ☼

Haz lo imposible: haz ese viaje que no pensaste que fuera posible. Si no tienes dinero, empieza por ahorrar el dos por ciento de tu ingreso y tendrás suficiente en unos cuantos años.

Ahorra en cuartos de hoteles caros al intercambiar casas con otras familias. Pídele a tu agente de viajes una lista de organizaciones que harán los arreglos necesarios por una tarifa.

☼ ☾ ☼

Cuando salgas de vacaciones, trata de ir una semana completa sin reloj. Toma nota de cómo eres un esclavo del tiempo por el número de veces que te sientes tentado a buscar tu reloj aunque el tiempo no sea tan importante.

☼ ☾ ☼

No dejes que los logros se vuelvan una obsesión para ti. Toma la vida como llega y permítete disfrutar cada uno de las situaciones que te presenta. Cuanto más disfrutes de estas situaciones, tendrás más logros con un mínimo esfuerzo.

Cuando pienses en jubilarte, considera que la salud y el bienestar físico son los ingredientes más importantes para una jubilación exitosa. Tanto para una mente sana como para un cuerpo sano ¡úsalo o piérdelo!

☼ ☾ ☼

Nuestras expectativas más elevadas son responsables de nuestras más fuertes desilusiones. Adopta un enfoque más budista de la vida: no esperes nada y aprecia todo lo que llegue a tu camino.

☼ ☾ ☼

La mayoría de los niños preferirían pasar tiempo en la silla del dentista que tomar clases de música. No pases tiempo tratando de enviar a tus hijos a las clases de música si ellos no quieren ir. ¿Para qué perder tu tiempo y el suyo?

**Ahorra tiempo comprando por catálogo.**

☼ ☾ ☼

Asegúrate de que tus hijos ayuden con los quehaceres de la casa para que no tengas que usar tu tiempo y energía para resanar su negligencia. No limpies el desorden de tus hijos, esa es su responsabilidad.

☼ ☾ ☼

Ve un paso adelante. Usa tu creatividad para lograr que tus hijos hagan más que compartir las tareas del hogar de modo que puedas contar con más tiempo libre en tus manos.

☼ ☾ ☼

No digas a tus hijos cómo hacer sus tareas en la casa. Sólo diles lo que se necesitan hacer. Tal vez ellos te enseñen a realizar los quehaceres de una forma más creativa y más rápidamente.

Para reducir la presión de tener que trabajar duro para sostener a tu familia, estimula a tus hijos a que consigan un trabajo de medio tiempo. Ellos se beneficiarán también al desarrollar buenos hábitos para el trabajo y podrán comprar algunas de las cosas que necesitan.

☼ ☾ ☼

**Envía tarjetas y flores a tu pareja sin motivo aparente.**

☼ ☾ ☼

Muestra tu respeto y amor por tus hijos asistiendo a todos sus encuentros deportivos, diversiones escolares y otros eventos en los que estén participando.

☼ ☾ ☼

Comparte la preparación de los alimentos. Prepara tú la comida en los días pares y que tu pareja lo haga en los días nones.

Por lo menos dos veces al año, para tener más tiempo para el romance o pasar más tiempo con el resto de tu familia, contrata a alguna persona para que prepare la comida en tu casa.

☼ ☾ ☼

Si no puedes tomar una siesta en el trabajo, toma una siesta cada tarde de los sábados y domingos.

☼ ☾ ☼

Deja de acumular cosas sólo por poseerlas. ¿Realmente necesitas más de un juego de platos, toallas, ropa de cama, utensilios de cocina o herramientas para el coche?

CALVIN AND HOBBES © 1986 Watterson. Reimpreso con permiso de UNIVERSAL PRESS SYNDICATE. Derechos reservados.

Si te sorprendes discutiendo con un amigo o pariente, pregúntate a dónde lleva esta discusión. ¿Cuál es la ganancia? ¿Por qué no invitarle un trago a la persona con la que estás discutiendo o una taza de café para hablar sobre otra cosa?

☼ ☾ ☼

Deja de oprimir el acelerador de tu auto. Baja la velocidad aunque tengas prisa. Maneja como te gustaría que manejaran los demás cuando tus niños andan en la calle.

Eileen Buchheim de Celebrate Romance ha declarado a febrero como el Mes del Romance creativo. Sostén un romance con tu esposa. Toma la iniciativa y haz muchas cosas salvajes y apasionadas durante todo el mes.

☼ ☾ ☼

Desarrolla amistades con personas con quienes puedas compartir tus experiencias negativas que se derivan de tener un mal día. Comparte tus preocupaciones de modo que no las internalices. Aunque ten cuidado de no compartir siempre pensamientos negativos con tus amigos.

☼ ☾ ☼

No insistas en querer hacer todo solo. Pon a un lado tu ego y pide ayuda.

Cuando viajes, conviértete en un explorador y no en un turista. Busca calidad y no cantidad. Pasa una semana o dos en un lugar para llegar a conocer a la gente, sus estilos de vida y las costumbres que son específicas de esa parte del país.

☼ ☾ ☼

Viaja ligero a dondequiera que vayas. Empaca sólo lo que necesites.

☼ ☾ ☼

Asigna por lo menos una noche a la semana para que sea noche familiar. Todo mundo tiene que estar en casa a las 6:00 de la tarde y pasar ahí el resto de la noche. No reciban visitas y conecta la contestadora para interceptar las llamadas. Jueguen, renten películas, y que cada uno cuente un cuento.

Aprende a decir no con más frecuencia; dilo rápido y con firmeza. Si la persona insiste, no te enfrasques en una batalla verbal. Sólo di no otra vez. Los verdaderos amigos y los conocidos razonables respetarán tu necesidad de tener más tiempo para ti mismo.

☼ ☾ ☼

Por lo menos una vez en tu vida planta un árbol. También abraza alguno.

☼ ☾ ☼

Revisa los buenos momentos que has tenido en tu vida hojeando los libros de fotografías. Escoge una o dos cosas que hayas disfrutado en el pasado y hazlas de nuevo.

La vida te arrojará muchas pelotas curvas en tu camino. Cuando lo haga, ríete cuanto puedas. Una perspectiva graciosa te ayudará a aligerarte y sobreponerte de las cosas difíciles más pronto.

☼ ☾ ☼

Acepta que en gran medida el vivir una vida provechosa es un estado mental. Lo que cuenta no es lo que haces para ganarte la vida ni cuánto trabajes. Lo que importa es la actitud que tienes ante el trabajo y la diversión.

☼ ☾ ☼

Toma unas vacaciones extendidas con Earthwatch y aprende muchas cosas interesantes al mismo tiempo. Earthwatch puede conectarte en proyectos tales como ayudar a los científicos a contar ballenas en la costa australiana o ayudar a los arqueólogos a excavar ruinas en Rusia, las Islas Spice en el Pacífico o la Isla Eastern.

Evita perder tu tiempo y el de los demás cuando pidas información que no tienes. Siéntete satisfecho de contestar con prontitud; di que no sabes.

☼ ☪ ☼

Compra las sillas y sofás más relajantes que puedas encontrar y no las que más te gusten.

☼ ☪ ☼

Para mejorar el tiempo de esparcimiento de tu familia y su calidad de vida, participa en la Semana Nacional sin ver Televisión durante la última semana de abril.

Sé audaz con la comida que comes. Aquí tienes una lista parcial de los diferentes tipos de restaurantes que puedes visitar y disfrutar: chino, tailandés, japonés, vegetariano, ucraniano, griego, español, italiano, mexicano, alemán, vietnamita y árabe.

☼ ☪ ☼

Ve a un gran supermercado, y compra las verduras y frutas que nunca hayas comido. Cuando llegues a casa, prepara una comida con ellos.

☼ ☪ ☼

Hazte el propósito de sonreír diez veces al día o más. Los estudios demuestran que la sonrisa activa aquellos músculos faciales que envían señales al cerebro las cuales provocan que mejores tu estado emocional.

Ten celebraciones frecuentes y espontáneas que sean como un reconocimiento de tus logros pequeños pero significativos en el terreno del esparcimiento, tales como terminar una pintura, concluir un curo, atrapar un pez, o conocer nuevos vecinos.

✧ ☾ ✧

Sé menos competitivo. Los individuos completamente funcionales no piensan que la vida es una competencia con todos los demás.

✧ ☾ ✧

Evita aquellos restaurantes en que tengan una actitud estudiada. Cena donde veas que los clientes y empleados estén pasándola de lo mejor. El entusiasmo contagioso te beneficiará. El restaurante debe darte energía y no desmoralizarte.

No pierdas tu tiempo tocando la bocina del tu auto a alguien que está saliendo de un cajón del estacionamiento. Los investigadores de Pennsylvania descubrieron que al conductor promedio le tomará veintiséis segundos salir de un lugar del estacionamiento cuando nadie está esperando, treinta y un segundos cuando otro carro está esperando el lugar y cuarenta y tres segundos cuando el conductor del carro que está esperando le toca la bocina para apurarlo.

☼ ☪ ☼

Cuando tomes nuevos retos para tu vida, olvídate de tu edad y observa cómo desciende tu nivel de estrés.

☼ ☪ ☼

Júntate con gente sabia. Aprenderás mucho en poco tiempo.

Una vez al año ponte en contacto con un viejo amigo o colega con quien no hayas hablado por lo menos durante tres años para saber cómo están.

☼ ☪ ☼

Asiste a funciones donde la gente esté interesada en algo en lo que nunca habías estado interesado. Haz muchas preguntas. Aprenderás mucho más que en funciones donde todos tienen los mismo intereses que tú.

☼ ☪ ☼

Rossini, el compositor, trabajó en cama y, de acuerdo con ciertos rumores, era tan flojo que si se le caía una partitura, volvía a escribir toda la música otra vez en lugar de salir de la cama para levantarla. En este sentido, con regularidad tómate el tiempo para ser flojo y sentirte orgulloso de eso.

Adopta la filosofía de Rita Mae Brown: "Finalmente caí en la cuenta de que el único motivo para estar viva es disfrutar de la vida."

☼ ☾ ☼

Por lo menos una vez en tu vida, usa la táctica de Peter Hansen, autor de The Joy os Stress. Cuando estaba escribiendo su libro, en lugar de manejar para ir al trabajo, contrató una limosina para poder relajarse y estar menos estresado cuando llegaba a la oficina y a su casa.

☼ ☾ ☼

Las estadísticas proporcionan una sorprendente evidencia de que vas a morir. Puede ser tarde o temprano. Empieza a hacer aquellas cosas importantes de la vida cuanto antes porque quizá no tengas tantas oportunidades como esperas.

No permitas que los publicistas y otros te influyan en pensar que tienes que celebrar el Día de Acción de Gracias como lo dicta la comercialización. No hay por qué cocinar grandes cenas y entretener a otros si no tienes ganas.

☼ ☾ ☼

Deja de perder tiempo y energía tratando de resolver los problemas de otras personas. Los demás resolverán sus propios problemas por ellos mismos cuando estén listos. Además, cuando tratas de resolver sus problemas es equivalente a decir que ellos pueden hacer lo mismo.

☼ ☾ ☼

No te fuerces a tratar de dormir ocho horas diarias cuando te sientes bien con siete horas o menos. Mucha gente se preocupa por no ser capaz de dormir ocho horas cuando, de hecho, no lo necesitan. Cerca de uno de cada cinco adultos duerme poco y necesita seis horas o menos de sueño.

Cuando no puedas dormir, quedarte en cama no te ayudará. Levántate y haz algo que te guste.

☼ ☪ ☼

Toma una clase de yoga para descubrir cómo puedes utilizar este arte ancestral para incrementar tu energía, mejorar tu respiración, tonificar tus músculos, y reducir el estrés.

Un sabio anónimo dijo: "Hacer la misma cosa una y otra vez, esperando resultados diferentes, es la definición de estar loco." Si no te sientes satisfecho con tu vida, entonces cámbiala.

☼ ☾ ☼

Mark Twain dijo: "Cuando no puedes recibir un halago de ninguna otra manera, cómpratelo." Aunque recibas muchos halagos de otros, date tú mismo por lo menos un halago al día.

Una vez al mes, celebra tu contribución al mundo. No menosprecies tus logros. Haz una lista de todas las cosas buenas que hayas hecho durante el mes pasado.

Asegúrate de que tu teléfono está para servirte en lugar de servir a cualquier otra persona. Utiliza tu máquina contestadora o verifica el identificador de llamadas para asegurarte de que hablas sólo con aquellos que quieres hablar.

☼ ☾ ☼

Cuando limpies tu casa, no sólo muevas las cosas de un lugar a otro. Selecciónalas y sé honesto contigo mismo de si las necesitas o no. Tira, regala o recicla todo lo que puedas.

☼ ☾ ☼

Evita asociarte con gente que siempre llega tarde. Estas personas no están mostrando respeto por ti y te hacen perder tu valioso tiempo cuando tienes que esperarlos.

Tómate tu tiempo para oler las rosas… y los tulipanes… y los narcisos… y las violetas… y los….

☼ ☾ ☼

**No sólo huelas las flores; planta algunas.**

☼ ☾ ☼

Sé más participativo y menos espectador. En lugar de ir a ver los partidos de diferentes deportes o verlos por televisión, pasa algún tiempo jugando estos deportes.

☼ ☾ ☼

Compra una caja de champaña. Asigna cada una de las doce botellas para un día especial a celebrar durante los siguientes seis meses.

Para estar más saludable, trata de pasar fuera al menos treinta minutos al día. Los estudios muestran que hay veinte o treinta veces más contaminantes en cualquier casa que afuera.

☼ ☾ ☼

Practica un nuevo deporte u otra actividad sólo por la diversión. ¡Por ninguna otra razón! Descubrirás que es muy vivificante tratar de hacer algo que has estado pensando hacer durante años.

El tercer lunes de cada año, celebra la fiesta de Ophra Winfrey. En 1994, inauguró el Día Nacional de Dar las Gracias, para agradecer a todos los que la han ayudado.

☼ ☾ ☼

Lily Tomlin, actriz, nos da unos sabios consejos: "Para un alivio rápido, trata de reducir el paso."

Apaga la televisión y el radio cuando estés cenando acompañado.

☼ ☾ ☼

Para mostrar tu aprecio por lo afortunado que eres en la vida, con frecuencia haz algo amable por alguien menos afortunado que tú.

☼ ☾ ☼

Si debes criticar y quejarte, pasa cuatro veces más ensalzando y expresando gratitud de lo que criticas y te quejas. Ésta es la forma en que debería ser –los estudios muestran que el 80 por ciento de los eventos en nuestras vidas son positivos y 20 por ciento son negativos.

Ve a una biblioteca sin llevar ni un libro ni un tema en mente. Deja que los libros interesantes te descubran.

☼ ☾ ☼

Invita a alguien que acabes de conocer a tu casa. Comparte con esta persona tus fotografías, objetos de arte, álbum de fotografías, viejas cartas de amor, instrumentos musicales y tus discos compactos favoritos.

☼ ☾ ☼

Ponte a ver vídeos de Monty Python, Cámara escondida, El Gordo y el Flaco y Los tres chiflados. Una noche de comedia te ayudará a olvidar tus lamentos.

Tu cerebro necesita ejercitarse al igual que el resto de tu cuerpo. Úsalo o piérdelo a medida que envejeces. Para mantenerlo en forma, compra libros con acertijos para resolver y resuélvelos todos.

☼ ☾ ☼

Niégate a ser un esclavo de la tradición. Sigue la tradición sólo si encuentras algún gozo y satisfacción en esta actividad. De otro modo, al diablo con las tradiciones.

☼ ☾ ☼

Evita sobrecargar tu cerebro con excesivas tareas. Si tratas de hacer demasiadas cosas al mismo tiempo –cocinar en la estufa, lavar ropa, ver la televisión, hablar en el teléfono celular e imprimir documentos en la computadora– dejarás de pensar con claridad. Tratar de abarcar demasiado te dejará sintiéndote agobiado y muy estresado.

Sé consciente de cuando la tecnología interfiere con tus relaciones. Puedes acabar aislándote de los miembros de tu familia al trabajar demasiado en la computadora o jugar vídeo juegos durante horas.

☼ ☪ ☼

Si dices que tienes un eompromiso con el bienestar de tus hijos, muéstralo. El estudio de una investigación descubrió que los adultos en los Estados Unidos pasa un promedio de seis horas a la semana comprando en los centros comerciales en comparación con cerca de cuarenta y cinco minutos del tiempo de calidad con sus hijos.

☼ ☪ ☼

En un día lluvioso, abre las ventanas y toma una siesta en le sofá. Una siesta con el sonido de la lluvia puede ser una experiencia placentera y relajante.

Convierte los pequeños placeres de la vida en tus mayores prioridades. Oscar Wilde decía: "Adoro los placeres simples. Son el último refugio de lo complejo."

☼ ☾ ☼

Cuando viajes entre dos grandes ciudades de la costa oeste de los Estados Unidos, toma un autobús de Green Tortoise de San Francisco. Estos viajes de bajo costo son para los aventureros que pueden disfrutar de la falta de itinerarios exactos y horarios garantizados de llegada y, en lugar de eso, experimentar comidas vegetarianas y paradas inesperadas en una cálida primavera.

☼ ☾ ☼

Ahorra tiempo al hacer tus maletas para las vacaciones y haz una lista de las necesidades de viaje y guárdala en tu maleta para tus futuros viajes.

Si te aburre segar el césped, trata de ser creativo. Haz un diseño interesante y diferente cada vez que cortes el pasto.

☼ ☾ ☼

Por lo menos una vez al mes sal a comer con alguien que tenga un increíble gusto por la vida.

☼ ☾ ☼

Gracias a Dios que todos tus deseos y necesidades no han sido satisfechos. Santa Teresa de Ávila nos dejó un pensamiento nutritivo: "Hay más lágrimas derramadas por las plegarias respondidas que por aquellas que no son escuchadas."

☼ ☾ ☼

Ayuda a otros a bajar el paso para que encuentren tiempo de vivir realmente. Enseñamos mejor lo que nosotros mismos hemos tenido que aprender.

Los hindúes tienen un poderoso proverbio: "Creces sólo cuando estás solo." Así que aunque estés casado, busca el tiempo para pasar solo una hora o dos al día. Éste es tu tiempo especial para tener una soledad creadora y pintar, leer, escribir o meditar lejos de la compañía de otros.

✧ ☾ ✧

Pasar tiempo juzgando los eventos de la vida puede ser improductivo y una fuga de energía. La mayoría de nuestros problemas vienen de cómo interpretamos, etiquetamos y juzgamos los eventos que dan forma a nuestras vidas. Domina la voz de tu juicio al poner atención en la constante evaluación en cuanto a bien y mal, correcto e incorrecto o blanco y negro que hace tu mente.

Si no tienes el dinero, obtén una hipoteca adicional de 10,000 dólares sobre tu casa y viaja a la India con tu esposa durante tres semanas. Un amigo mío y su esposa –ambos de unos cincuenta años de edad– acaban de hacerlo. Como no saben si estarán sanos para hacer este viaje después, decidieron hacerlo ahora.

☼ ☾ ☼

Si la Navidad es una gran fuente de estrés debido a las compras de regalos, o a tener que hacer grandes cenas o por pasar tiempo con parientes disfuncionales, cambia tu rutina y haz algo menos tradicional. ¿Quién dice que tienes que hacer lo que hace la mayoría de la sociedad?

☼ ☾ ☼

Incluso si disfrutas las celebraciones de Navidad, pon algo de variedad en tu vida haciendo algo diferente la próxima Navidad. Ve a las Islas Fidji o a las Islas Caimán y experimenta la Navidad en esos lugares.

Sé claro en cuanto a que el Día de las Madres es más importante dar como regalo tu tiempo que flores y otros regalos. ¿Sabías que la mujer que participó en la campaña para que el gobierno de los Estados Unidos instituyera en Día de as Madres ha gastado el resto de su dinero y de su vida luchando contra la comercialización de esta fiesta?

☼ ☾ ☼

Cuando las hojas se caen de los árboles en otoño, asegúrate de disfrutar su belleza antes de que las barras y las tires. huélelas, míralas, escúchalas, tócalas, incluso pruébalas.

Presta atención a estas sugerencias de un grupo de personas que tienen más de sesenta años de edad y a quienes se les preguntó qué consejo se darían a sí mismos si tuvieran que volver a vivir:
·No te cases hasta que estés listo de asumir responsabilidades.
·Tómate tu tiempo para encontrar lo que realmente quieres en la vida.

·Arriésgate más.
·¡Aligérate! No te tomes la vida tan en serio.
·Sé más paciente.
·Vive más el momento.

☼ ☾ ☼

Tu pasado será siempre un reflejo de la forma en que realmente sucedieron las cosas. Deja de perder tiempo tratando de cambiarlas.

☼ ☾ ☼

Llénate de energía ahora mismo: pedalea tu bicicleta. Lee el resto de este libro más tarde.

☼ ☾ ☼

Quizá te hayas instalado en una rutina vacacional demasiado convencional y predecible. Deja que tus niños planeen las próximas vacaciones.

Cuando estés en un periodo entre un trabajo y otro, tómate unas vacaciones por uno o dos meses. Ponte como meta divertirte tanto como puedas.

☼ ☾ ☼

Haz una lista de todas las cosas importantes que el dinero no puede comprar. ¿Estás seguro de que estás haciendo cualquier cosa que esté en tu mano para incluir estas cosas en tu vida?

☼ ☾ ☼

Escoge a tus nuevos amigos sabiamente. Observa su carácter y personalidad en lugar de fijarte en lo que hacen para ganarse la vida o en cuánto dinero o estatus social tienen. Aquellos que no esperan nada de ti son también una buena opción. Es mejor formar unas cuantas amistades profundas y cercanas en lugar de tener muchas amistades superficiales.

Rechaza los juicios de la sociedad con relación a tu misión en este mundo y sobre cuánto debes trabajar para ser una persona decente. Si puedes tener un buen nivel económico de vida, trabajando dos horas al día, ¡hazlo!

☼ ☾ ☼

Trata de avanzar a lo largo del día sonriendo a la gente y al mundo a tu alrededor. Recuerda que necesitas setenta y dos de tus músculos para fruncir el ceño y sólo catorce para sonreír.

☼ ☾ ☼

Pinta un cuadro por lo menos una vez al año pensando en las palabras de Clement Greenberg: "Todo arte original al principio es desagradable." Si crees que tu pintura se parece al fondo del Gran Lago, no te preocupes. De cualquier forma, comparte la pintura con tus amigos.

De camino a casa, después del trabajo, cómprale a tu amada un regalo porque sí. Cuando llegues a casa, celebra incluso con una botella de buen vino.

☼ ☾ ☼

Pasea por una calle conocida pero esta vez observa cuidadosamente todo lo que puedas. Te sorprenderás de cuántas cosas interesantes hay que nunca antes habían notado.

☼ ☾ ☼

Haz algo amable por alguien sin importar qué tan bien o mal te sientes. Siendo un buen samaritano, tendrá un efecto positivo en tu bienestar.

No tienes por qué participar en ciertos eventos familiares sólo porque tus parientes van a estar ahí. Si algunos parientes te producen más estrés e inquietud que interés, pasa ese tiempo con tus amigos o solo.

☼ ☾ ☼

En última instancia, la calidad de nuestras vidas depende de cuánto deseamos invertir en ellas. Si tu vida carece de satisfacción, contesta esto: ¿Quién es la persona que puede hacer tu vida más satisfactoria?

☼ ☾ ☼

Mantén una relación de corazón a corazón con un niño de seis años. Eso te recordará qué es lo que realmente importa.

Di cosas agradables acerca de personas especiales en tu vida cuando no estén presentes. Incluso di cosas más agradables acerca de gente especial en tu vida cuando estén presentes.

☼ ☾ ☼

Trepa un árbol y ve el mundo desde una perspectiva distinta.

☼ ☾ ☼

Al final de cada día, pregúntate: "¿Qué hice el día de hoy para hacer mi vida más completa?

☼ ☾ ☼

Por lo menos dos veces al año sé complaciente contigo mismo con un placer especial que te aleje de tu ambiente normal. Por ejemplo, pasa unos cuantos días en un spa o retiro para relajarte completamente.

Cada mañana levántate dándole tanta importancia a las actividades de esparcimiento como le das al trabajo. Invierte el mismo tiempo en la planeación de tu ocio que el que inviertes en la planeación de tu trabajo.

✿ ☪ ✿

Recuerda el proverbio italiano: "Un corazón feliz es mejor que un bolso lleno."

Cuando la voz de la consciencia te diga que no deberías salir y divertirte porque esto podría ser frívolo e improductivo, haz lo contrario. Por lo menos un día a la semana permítete ser poco práctico.

La mayoría de la gente celebra la vida sólo cuando las cosas son maravillosas o cuando ocurre alguna cosa especial. Es más importante celebrar la vida al máximo cuando las cosas no van tan bien. Leo Buscaglia, autor de *Living, Loving and Learning*, habla sobre cómo su maravillosa madre sorprendió a la familia con un gran festín un día después de que su padre había perdido todo su dinero en un mal negocio. "Éste es el momento en que más lo necesitamos,", explicó ella misma.

☼ ☾ ☼

Escucha las palabras de Andy Rooney: "Aprende a disfrutar las pequeñas cosas en la vida porque las grandes cosas no llegan con demasiada frecuencia."

Detente y habla con los indigentes de la calle. Descubre qué es lo que los despierta. Pregúntales qué les interesa o qué les importa realmente. Es posible que obtengas una nueva y positiva perspectiva de la vida.

☼ ☾ ☼

Un viejo proverbio chino dice: "Mi casa se quemó, pero ahora puedo ver la luna." Si estás preparado para encontrarlo, prácticamente hay un interior de plata en cada nube, sin importar qué tan oscura esté la nube.

☼ ☾ ☼

Busca lo mejor que puedas para vivir una mejor vida al máximo sin importar qué tan limitado sea tu ingreso o tus ahorros. Los griegos tienen un dicho muy inspirado: "Cuando eres pobre, es importante pasar un buen rato."

De acuerdo con Samuel Johnson, la mayoría de la gente pasa parte de sus vidas intentando mostrar cualidades que no tienen. Si eres una de estas personas, ¡deja de perder tu tiempo y energía! Cualquier persona que valga la pena conocer descubrirá tus cualidades tarde o temprano.

☼ ☪ ☼

Pierde poco tiempo fantaseando o preocupándote por el futuro. Éste llegará pronto. La gente que pasa tiempo de calidad en el presente descubre que el futuro se cuida solo.

☼ ☪ ☼

Lee por lo menos cinco buenos libros al año. Pero no lo hagas como lectura rápida. Recuerda las palabras de Thomas Babington Macaulay: "Una página digerida lentamente es mejor que un volumen leído al vapor."

No te preocupes tanto, porque si dejas que todo se disperse, entonces quedarás como tonto y no podrás salir en público otra vez. Son tonterías. Has hecho esto antes y lo has hecho muy bien.

☼ ☪ ☼

No dejes de aprender algo cada día. Un proverbio latino dice: "un hombre ilustrado tiene riquezas dentro de él." No importa qué edad tengas, siempre hay algo interesante qué hacer.

☼ ☪ ☼

Para ayudarte a disfrutar el momento en sí mismo y vivir el aquí y ahora, apaga tu reloj despertador varias veces durante el día. Usa esto como un recordatorio para tener la consciencia de estar totalmente inmerso en lo que estás haciendo, sin importar qué cosa sea.

Haz tu parte ayudando en eventos de la escuela, la iglesia o la comunidad. No cuesta nada y es una buena forma de socializar y comer bien.

☼ ☪ ☼

Presta atención a estas sabias palabras de George Bernard Shaw: "Un día de trabajo es un día de trabajo, ni más ni menos, y el hombre que lo hace necesita el sustento del día, el reposo de la noche y la dosis adecuada de diversión, así sea un pintor o un campesino.

Incluso si no te gusta cocinar, aprende cómo preparar por lo menos tres grandes platillos. Compártelos con otros cuando te visiten.

☼ ☾ ☼

Confucio dio este consejo: "Estar errado no es nada a menos que lo recuerdes." Aprende a perdonar a la gente que te ha hecho mal. Cuando te niegas a perdonar no abres una prisión para la otra persona sino para ti mismo.

☼ ☾ ☼

No tendrás que guardar ningún rencor si empiezas a creer en este proverbio francés: "La mejor venganza es vivir bien."

Experimenta realmente una manzana o una naranja antes de comértelas. Míralas detenidamente. Diseccionalas y estudia la textura de su interior y de su exterior. Huélelas. Tócalas. Escúchalas. Muérdelas lentamente. Saborea cada mordida.

☼ ☾ ☼

**Organiza fiestas sorpresa para aquellos que realmente te importan.**

☼ ☾ ☼

Recuerda que una vida satisfactoria no está determinada en mucho por cuántos vivimos sino por qué tan bien vivimos. Algunas personas mueren a los cuarenta y cinco años de edad, pero le han sacado mucho más partido a la vida en esos cuarenta y cinco años que otros que llegan a vivir noventa o cien años.

Los estudios muestran que el 40 por ciento de nuestras preocupaciones son por acontecimientos que nunca ocurrirán; 30 por ciento de nuestras preocupaciones son por eventos que ya ocurrieron; 22 por ciento de nuestras preocupaciones son por cosas triviales, 4 por ciento de nuestras preocupaciones son por hechos reales que no podemos cambiar, y sólo 4 por ciento de nuestras preocupaciones son por acontecimientos reales sobre los cuales podemos hacer algo. Esto significa que el 96 por ciento de las cosas por las que nos preocupamos no podemos controlarlas. Esto significa que el 96 por ciento de nuestra preocupación se pierde.

De hecho, hay algo peor que eso. Preocuparnos por las cosas que podemos controlar también es inútil. Puesto que, precisamente, podemos controlarlas. En otras palabras, preocuparnos por cosas que no podemos controlar no tiene sentido porque están fuera de nuestro control, y preocuparnos por cosas que podemos controlar es una pérdida de tiempo porque podemos controlarlas. Este resultado es que el 100 por ciento de nuestra preocupación se pierde.

Toma una lección de los habitantes de la isla de Creta, quienes presentan una baja tasa de enfermedades cardiacas. Los investigadores señalan que la razón de esto es que los cretenses hacen suficiente ejercicio, preparan sus alimentos con aceite de oliva monoinsaturado, comen mucho pescado, fruta y verduras frescos y relativamente poca carne roja.

☼ ☾ ☼

No sólo te detengas a oler las flores. La próxima vez que estés en un expendio de café, detente y huele las distintas variedades de granos de café.

☼ ☾ ☼

Aprende a vivir un día a la vez y habrás aprendido el secreto de cómo vivir feliz para siempre.

Dos veces al mes ve a la biblioteca durante una o dos horas e investiga sobre temas de los que no sepas nada. Aprender a lo largo de la vida te dará una sensación de bienestar, te ayudará a pensar mejor y estimulará tu longevidad.

☼ ☾ ☼

No des tu salud por descontada. Con frecuencia la buena salud no se aprecia hasta que se pierde –algunas veces para siempre. Así que cada día haz, conscientemente, por lo menos tres cosas que mejorarán tu salud.

☼ ☾ ☼

Déshazte rápidamente de los agente telefónicos de modo que no consuman tu precioso tiempo. Aquí tienes unas cuantas frases que puedes utilizar cuando te llame por teléfono alguno de estos agentes:
·"Sólo hablaré con usted si me cuenta un chiste colorado."
·"Sólo compro cosas a aquellas personas que han

comprado lo que yo vendo –y yo vendo Ferraris."
·"Primero tienes que decirme la marca y color de su ropa interior."
·"¿Puede volver a hablar dentro de diez minutos? Estoy terminando mi solicitud para la beneficencia.
·"Sí, mi esposa(o) está en casa pero nunca la(o) dejo hablar con extraños."
·"Usted quiere venderme un seguro. Muy bien, he estado tratando de comprar seguros durante años pero nadie me ha podido vender uno."
·"¿Adivine qué? Puedo tocar la canción de 'Mary tenía un borreguito' en el teléfono." Después tóquela al oprimir las siguientes teclas del teléfono digital: 6-5-4-5666,555,666.

☼ ☾ ☼

En medio de una turbulenta semana, tómate una o dos horas para experimentar una soledad y silencio total. No hables con nadie. Desconecta los teléfonos, no revises tu correo electrónico, no veas televisión, no escuches la radio y no abras la puerta.

No seas como esos perseguidores que se comprometen en sus momentos de esparcimiento con tanta, o más, competitividad que la que invierten en su trabajo. Asegúrate de que la mayoría de tus actividades de esparcimiento no son competitivas.

☼ ☪ ☼

Haz una lista de las cosas que te gustaría experimentar si tienes tiempo extra. A continuación escribe todas las excusas que puedes idear para no hacerlas. Por ultimo, siéntate con un amigo y elimina todas las excusas.

☼ ☪ ☼

Regresa a la lista de las cosas que siempre has querido experimentar. Encuentra tres razones por las que puedes realizarlas el próximo año. Entonces hazlas.

Nunca estés demasiado ocupado para ver grandes espectáculos como los Rolling Stones, Celine Dion, Garth Brooks, Bryan Adams, Alanis Morissette o Luciano Pavaroti cuando estas personalidades visiten tu ciudad.

☼ ☾ ☼

Si tienes un equilibrio saludable entre el trabajo y la diversión, niégate a alterar tu estado de descanso por nadie. Recuerda estas palabras de un sabio anónimo: "¿Cuánta gente conoces que en su lecho de muerte hayan dicho' Deseo haber trabajado más'?"

☼ ☾ ☼

Arriesga más en tu ocio. No temas jugar tenis o golf con alguien que es mucho mejor que tú. Aprenderás mucho y serás mejor en el juego más pronto.

Evita los comportamientos extremos de capricho o pérdida. Que sea una regla para ti practicar la moderación en todo lo que lleves a cabo.

☼ ☾ ☼

No es necesario ser recíproco como un sentimiento de obligación cuando alguien te ha invitado a cenar. Si no te sientes con ganas de que la gente vaya a tu casa, no invites. Ya hiciste tu parte yendo a su casa cuando ellos te invitaron y tú aceptaste.

☼ ☾ ☼

Ocasionalmente rompe tu regla de moderación. Haz en exceso alguna de tus actividades de esparcimiento. ¿Te gusta caminar en el parque? Hazlo durante dos horas en lugar de caminar durante tu habitual media hora.

De vez en cuando haz algo en beneficio de alguien que no conoces y que nunca se enterará que lo hiciste.

☼ ☾ ☼

No descuides el ser espiritual. La gente que tiene una vida interna profunda y rica están mejor capacitados para lidiar con los mortificaciones y tribulaciones del mundo exterior.

☼ ☾ ☼

Toma prestada una idea de Oprah Winfrey: lleva un diario de gratitud. Al final de cada día cuenta tus bendiciones y escribe por lo menos cinco cosas maravillosas que te hayan ocurrido durante el día.

Aprende a reírte de ti mismo. Imita a Rodney Dangerfield, Steven Wright o Joan Rivers inventando algo gracioso sobre tu terrible situación en la vida.

☼ ☾ ☼

Consigue una variedad de veinte revistas que tú mismo o alguna otra persona esté a punto de deshacerse de ellas o reciclar. Recorta las fotografías, imágenes y dibujos para hacer un collage que exprese aquello que te gusta de la vida y de los sueños.

☼ ☾ ☼

¿Estás atorado en una rutina –en el trabajo o en la diversión? La única diferencia entre una rutina y una tumba es el tamaño. Haz lo que sea por salir de la rutina. Reinventa tu vida.

Ten claridad en cómo la riqueza se compara con otros placeres de la vida. Ted Turner dijo: "El sexo término medio es mejor que ser billonario."

☼ ☾ ☼

Rompe algunas de las reglas, escritas y no escritas, que la sociedad nos impone. Fue Katherine Hepburn que dijo: "Si obedeces todas las reglas, te pierdes toda la diversión."

☼ ☾ ☼

Cuando no tienes tiempo suficiente para tu hora de ejercicio, por lo menos ejercítate durante quince o treinta minutos. Te sentirás mucho mejor que si no haces nada de ejercicio.

Imagina que en tu lecho de muerte le suplicas a Dios: "Por favor dame otra oportunidad, y le daré todo lo que tengo." Y Dios te contesta que puedes tener otro año. Haz una lista de todo lo que harías en ese año antes de morir y llévala contigo todo el tiempo. Haz un compromiso de hacer todas esas cosas dentro de uno o dos años.

☼ ☾ ☼

Si te gustan las fiestas y hace rato que no vas a una, haz una tu mismo. Organiza una fiesta para probar vino o una fiesta con algún tema.

☼ ☾ ☼

Trata de ser un pordiosero durante medio día para experimentar un estilo de vida completamente diferente. Para ser todavía más emprendedor en esto, dale una vuelta de tuerca –ofrece decir chistes por uno o dos dólares.

Aprende a distinguir aquellas batallas que vale la pena pelear y las que no. Habrá momentos en que estarás trabajando en algo que no resultará de la forma que esperas. Nunca es demasiado tarde para eliminar este proyecto y empezar uno realmente prometedor.

☼ ☾ ☼

Logra una gran calidad en tu vida laboral. Si siempre te sientes apresurado, reduce la cantidad de actividades de modo que tengas una mejor calidad en lo que hagas.

☼ ☾ ☼

Toma decisiones –en especial sobre las cosas pequeñas– sabiendo que algunas veces vas a equivocarte.

La mayoría de las actividades de esparcimiento que se relacionan con la naturaleza cuestan poco o nada. Escucha todos los sonidos interesantes. Presta atención a las cosas hermosas y brillantes. Trata de ver las estrellas, observar a los pájaros y navegar.

☼ ☾ ☼

Llénate de energía. Limpia tus anaqueles y el refrigerador de todos aquellos alimentos poco saludables. Y llénalos de fruta y verduras frescas.

☼ ☾ ☼

Las investigaciones en la Universidad del Sur de California confirman que la variedad es la sal de la vida. La gente que tiene muchos intereses no sólo vive más tiempo sino más feliz también. Constantemente reta tus inhibiciones al hacer nuevas actividades o ir a lugares nuevos y diferentes.

Ten más de un propósito en la vida. De hecho, pon muchas carnes al asador. Busca nuevos libros que leer, gente distintas que conocer y nuevos sitios que visitar.

☼ ☪ ☼

Nunca pospongas hacer el amor por hacer trabajo alguno.

☼ ☪ ☼

Desarrolla una nueva apreciación por las cosas que tomas por descontado, como el fresco aroma del café, un viento amable que acaricia tu rostro y el ronroneo de tu gato.

☼ ☪ ☼

Cada mañana pregúntate: "¿Cómo está mi actitud hoy?" Si no es maravillosa, cambia tu actitud. Altera tu actitud y cambiarás tu vida.

Sé un optimista perpetuo. Sustituye el enojo, el miedo, la culpa con amor, alegría y paz. Los estudio muestran que la gente optimista es más saludable y vive más tiempo. Levántate cada mañana y decide ser lo más feliz que puedas

☼ ☪ ☼

No dejes que tu mente te haga bromas al convencerte de que no tienes tiempo para pasar con tus hijos ni para realizar una actividad de esparcimiento. Suponiendo que duermes siete horas al día, tienes 1,020 minutos para estar despierto. Así que seguramente podrás encontrar sesenta o incluso noventa minutos de esos 1,020 minutos para estar más relajado.

☼ ☪ ☼

Cada día estírate y toca a alguien con un apretón de manos, palmada o abrazo.

Cuando surjan los problemas, realiza alguna magia mental usando tu creatividad. Mira los viejos problemas desde nuevos ángulos, y existen posibilidades de que encuentres una solución impresionante o quizá una muy obvia que estaba ahí sin que tú la advirtieras.

☼ ☾ ☼

Siempre que estén haciendo algo difícil, tedioso o absorbente, pregúntate qué pasaría si no lo hicieras. Si la respuesta es "nada", o algo parecido, deja de hacerlo.

☼ ☾ ☼

Permite las casualidades en tu vida. Cuanta mayor casualidad dejas que haya en tu mundo, más interesante será este.

No te pierdas el momento, domínalo. Si pospones la oportunidad de vivir la vida, es posible que se te vaya completamente de las manos. El tiempo para vivir es hoy.

☼ ☾ ☼

Debes ser responsable de tu aburrimiento. Confróntalo cuando aparezca. Tu voluntad para hacerte responsable de tu aburrimiento es la fuerza creativa que lo eliminará.

☼ ☾ ☼

La Academia de Ciencias del ocio ha determinado que obtenemos más satisfacción de nuestro tiempo libre cuando realizamos actividades más difíciles o desafiantes que cuando tenemos actividades pasivas como ver la televisión o jugar lotería. Invierte tu tiempo en actividades que requieran altos niveles de energía física e intelectual.

No siempre se necesita un motivo para hacer lo que haces. Por ejemplo, planea una cena a media noche sin una explicación razonable que dé cuenta de tus actos.

☼ ☾ ☼

Respeta todo tipo de estilos de vida. Adopta uno que esté muy alejado del tuyo durante uno o dos meses.

☼ ☾ ☼

Nunca estés demasiado ocupado para decir: *por favor*, *gracias* o *denada*.

☼ ☾ ☼

Evita las dificultades siempre que puedas. Es mucho más fácil evitar un problema que salir de él.

Sueña en grande con tener unas vacaciones o tomar tu año sabático. Ahorra un poco de dinero cada mes y cuando llegue el momento podrás disfrutar de tu sueño.

☼ ☾ ☼

Cuando piensas que has simplificado bastante tu vida, simplifícala todavía más. Acelerarse produce estrés. Echa fuera revistas, ropa y otros artículos que no hayas usado durante los últimos seis meses.

☼ ☾ ☼

Practica la filosofía zen. Trata de disfrutar lo que haces sin importar qué tan tedioso pueda parecer. Ríndete a lo que estás haciendo en el momento en que empiezas a hacerlo. Recuerda que tú has elegido hacerlo y que siempre puedes elegir no hacerlo.

Acepta que la gente realmente exitosa se preocupa por el mundo que los rodea. Su interés no está sólo en ellos mismos y sus carreras o negocios, sino también en el medio ambiente, en los pobres, en los discapacitados así como en la necesidad de que haya paz en el mundo.

☼ ☾ ☼

Sé siempre espontáneo. Cada día haz algo que no hayas planeado. Puede ser algo muy sencillo como cambiar de ruta, comer en un restaurante distinto o ir a algún lugar y divertirte de manera diferente.

☼ ☾ ☼

Adopta este lema: "Trabajar es humano, holgazanear es divino".

Se pierde mucha felicidad tratando de ser feliz. Permítete reaccionar con felicidad hacia las cosas a medida que ocurren en lugar de tratar de provocar cosas felices. Deja de intentar ser feliz y observa cómo pasan los buenos tiempos.

☼ ☾ ☼

Arriésgate y sé más aventurero en tu trabajo y juego. Si tu camino por la vida se siente muy seguro, entonces es probable que no sea el camino correcto.

☼ ☾ ☼

Encuentra razones para hacer cosas importantes, en lugar de motivos para no hacerlas. Arriésgate, experimenta y no se te olvide divertirte mientras tanto.

Acepta que si has estado buscando la felicidad y no la has encontrado, hás estado buscando en los lugares equivocados. La felicidad está donde la encuentres. Puede estar muy lejos o puede estar justo donde estás ahora, mirándote a la cara.

☼ ☾ ☼

Varias veces a la semana, relájate al hacer nada en particular durante una o dos horas. Al escritor Scott Peck, que tiene una vida muy ocupada, se le pregunta con frecuencia: ¿Cómo puede hacer todo lo que hace?" Y normalmente su respuesta es: "Porque por lo menos paso dos horas diarias sin hacer nada!"

☼ ☾ ☼

No pases mucho tiempo juzgando a la gente. Tienes cosas más valiosas que hacer con tu vida. Además, ese es el trabajo de Dios.

Conviértete en un maestro de la buena vida esparciendo alegría donde estés. Trata de vivir como si fueras el mejor amante de la vida que ha visto el universo. Haz esto durante una semana o un mes y verás cómo cambia tu vida.

☼ ☾ ☼

De tres preciados recursos en la vida –tiempo, dinero y creatividad– el único ilimitado es la creatividad. Así que pon a la creatividad en el lugar número uno de tus prioridades, y el tiempo y el dinero no serán tan preciados.

***Tómelo con calma***
**Tipografía:** *PCL Diseño*
**Negativos:** *Formación Gráfica S.A.*
**Impresión de portada:** *Q-Graphics S.A. de C.V.*
Esta edición se imprimió en Octubre de 2000, en Consorcio Digital-Lithografico, S.A. de C.V. 2a Priva de Agujas No 18-1y 2, 09880, México, D.F.

DOBLAR Y PEGAR

## SU OPINIÓN CUENTA

Nombre............................................................................................................

Dirección:

Calle y núm. exterior ..............................................................interior..................

Colonia ...........................................................Delegación ...............................

C.P. ....................................................Ciudad/Municipio ................................

Estado...........................................................País .............................................

Ocupación .....................................................................Edad ..........................

Lugar de compra ..................................................................................................

Temas de interés:

- ❏ *Empresa*
- ❏ *Superación profesional*
- ❏ *Motivación*
- ❏ *Superación personal*
- ❏ *New Age*
- ❏ *Esoterismo*
- ❏ *Salud*
- ❏ *Belleza*

- ❏ *Psicología*
- ❏ *Psicología infantil*
- ❏ *Pareja*
- ❏ *Cocina*
- ❏ *Literatura infantil*
- ❏ *Literatura juvenil*
- ❏ *Cuento*
- ❏ *Novela*

- ❏ *Cuento de autor extranjero*
- ❏ *Novela de autor extranjero*
- ❏ *Juegos*
- ❏ *Acertijos*
- ❏ *Manualidades*
- ❏ *Humorismo*
- ❏ *Frases célebres*
- ❏ *Otros*

¿Cómo se enteró de la existencia del libro?

- ❏ *Punto de venta*
- ❏ *Recomendación*
- ❏ *Periódico*

- ❏ *Revista*
- ❏ *Radio*
- ❏ *Televisión*

Otros: ...................................................................................................................

Sugerencias: _____
_____
_____

**Tómelo con calma:**

**RESPUESTAS A PROMOCIONES COMERCIALES**
**(ADMINISTRACIÓN)**
**SOLAMENTE SERVICIO NACIONAL**

**CORRESPONDENCIA**
**DF-047-97**
**AUTORIZADO POR *SEPOMEX***

**EL PORTE SERÁ PAGADO POR:**

# Selector S.A. de C.V.

Administración de correos No. 7
Código Postal: 06702, México D.F.